Wendelin Leweke

Geschichten am Rand der Geschichte

1200 Jahre Frankfurt am Main

Societäts-Verlag

 · Societäts-Verlag

Satz: Fotosatz Janß, Pfungstadt
Druck und Verarbeitung: Ebner Ulm
Printed in Germany 1992
ISBN 3-7973-0516-8

Inhaltsverzeichnis

Vorwort

In Frankfurt ist immer etwas los! Seit jenem Tag im Jahr 794, als die Stadt sozusagen aus dem Nebel kam wie die Hirschkuh, die mit ihrem Kitzlein die Sage von der Gründung Frankfurts begleitet, ist sie von einem gewissen Glanz umgeben, der eigentlich nie ganz ihrer Größe entsprach. Frankfurt gehörte nie zu den besonders volkreichen Städten, aber es kam immer viel des Volkes in die Stadt. Messen, Kaiserwahlen, Kaiserkrönungen, Fürstentage, auch Fehden und Kriege, Besetzungen, die Nationalversammlung in der Pauluskirche schließlich, die Liste der Ereignisse nahm und nimmt kein Ende.

Georg Swarzenski, der ehemalige Direktor des Städel-Instituts, sagte im Jahr 1928: »Frankfurt hat unter allen deutschen Städten die größte, schönste und interessanteste Geschichte; aber die Objekte, die dies bezeugen können, sind kaum erhalten. Was von seinem Bürgertum, seiner Wirtschaft, seinen Kämpfen, seinem Leben, seiner Bildung an greifbaren Objekten auf uns gekommen ist, läßt nicht nur seine Eigenart kaum ahnen, sondern steht geradezu im umgekehrten Verhältnis zu seiner Bedeutung.« Dennoch: Wer sich auf die Suche macht, kann vieles finden.

Im Jahr 1994 feiert Frankfurt seinen 1200. Geburtstag, 794 wurde dieser Platz zum erstenmal urkundlich erwähnt, gleich als »berühmter Ort«.

Sicher ist die Ansiedlung mit ihrer Königspfalz älter, aber irgendwo muß es ja einen Anhaltspunkt geben. Eine Geschichte der Stadt in neun Beiträgen, herausgegeben von der Frankfurter Historischen Kommission, ist im Hinblick auf das bevorstehende Jubiläum neu erschienen. Sie vermag die Neugier des Lesenden zu wecken: Was waren denn die Frankfurter für Menschen? Wie haben sie gelebt, und wie haben sie das alles verkraftet, was da auf ihre Stadt zukam? Die »Geschichten am Rand der Geschichte«, sollen ein – wenn auch bescheidener – Beitrag zum Jubiläum sein. Journalistische Neugier hat den Autor motiviert zu dieser Arbeit. Er wollte wissen, wie es wirklich war, und dieses Wissen an die Leser weitergeben.

Viel Vergnügen bei der Lektüre.

Die Stadt, die aus dem Nebel kam

Am Anfang war der Nebel. Plötzlich trat aus dem Nebelmeer die Sonne hervor und schien auf eine weiße Hirschkuh, die mit ihrem Kälbchen sicher durch den Fluß auf das andere Ufer zuschritt. König Karl, der erst später ein Kaiser wurde und heute noch der Große genannt wird, schritt mit seinem Heer durch die Furt im Main hinter den weißen Tieren her und erreichte sicher das andere Ufer. Als der letzte Mann drüben war, schloß sich die Nebelwand wieder. Die Sachsen blieben, wo sie hingehörten, in Sachsenhausen. So erzählt es die Sage.

Wie so oft, wenn die Geschichtsschreibung nicht weiterweiß, wenn die Historiker im Nebel tappen, ranken sich Sagen um das Geschehen, und Märchen werden Wirklichkeit. In den Chroniken des sächsischen Bischofs Thietmar von Merseburg, der von 975 bis 1018 lebte, findet sich die sagenhafte Erklärung zum erstenmal. Sie wurde ausgeschmückt und neu interpretiert und wird nun in Frankfurter Sagenbüchern so erzählt: Karl der Große erlitt in seinem Kampf gegen die Sachsen schwere Verluste, seine Gegner waren ihm an Mannen weit überlegen. Auf der Flucht kamen die Franken an den Main, doch dichter Nebel über der Flußniederung machte es unmöglich, eine Furt zu finden. In dieser Not kniete Karl nieder und bat Gott im Gebet um

Karl der Große führt in Anwesenheit der päpstlichen Legaten Bischof Theophilakt und Bischof Stephanus den Vorsitz auf dem Konzil von Frankfurt im Jahr 794. Wandgemälde von Eduard von Steinle im Dom, 1890.

Hilfe. Da kam die Hirschkuh. Den Sachsen ward solches Glück nicht zuteil, sie waren ja noch Heiden. Und so findet sich bei einem Chronisten aus dem 16. Jahrhundert, dem Kölner Kartäuser Werner Rolevinck, noch eine Variante, die dieser wohl selbst nicht ernst genommen hatte: Die Sachsen hätten nach dem spurlosen Verschwinden ihrer Gegner empört gerufen: »Frank fort! Frank fort!« So hätte die Stadt ihren Namen erhalten.

Die Geschichtsschreibung weiß dem nichts Stichhaltiges entgegenzusetzen. Die Bezeichnung bedeutet nichts anderes als »Furt der Franken«. Bevor der Name des Ortes zum erstenmal publik wurde, lebten die Franken schon seit zweieinhalb Jahrhunderten im Untermaingebiet. Die Möglichkeit, den Main an einer bestimmten Stelle gefahrlos zu überqueren, kannte man schon lange vorher. Eine Felsbarriere bildete hier den Untergrund des Flusses. Die Menschen konnten bequem hindurchwaten, auch Pferde und Wagen hatten keine Schwierigkeiten.

Als Frankfurt bei einer Kirchenversammlung, zu der gallische, germanische und italienische Bischöfe angereist kamen, in einem Brief an den Erzbischof Elipand im spanischen Toledo zum erstenmal schwarz auf weiß das Licht der Welt erblickte, war es schon, wie es in dem Brief hieß, ein »berühmter Ort«. »In loco caelebri quidur franconofurd« hatte sich das Konzil versammelt. Der späte Ruhm hatte zur Folge, daß Frankfurts Vororte und umliegenden Dörfer ihre 1200-Jahr-Feiern längst hinter sich haben. Die hatten ihre fränkischen Herren, die Bruno, Ecco und ähnlich hießen, oder ihre Bächlein, an denen sie lagen. Und sie standen in den Büchern des Klosters zu Lorsch.

Über solche Namensgebung hat sich auch der Schweizer Chronist Sebastian Münster, dessen große Kosmographie 1545 zu Basel erschien, seine Gedanken gemacht. Er glaubte an den sagenhaften Ursprung einer Stadt, die Helenopolis hieß, benannt nach der Kaiserin Helena, der Mutter Konstantins des Großen. Dann aber: »Ich find, das vor zeyten der Francierkönig Marcomirus hat vil sün (Söhne), under welchen einer mit namen Franck hat die alt statt, Helenopolis geheißen und an dem Mayn gelegen, wider erneuert und nach ihm Frankfurt genant.«

Die Legende lebt fort. Gunther Ligurinus, der im Jahr 1187 die Stadt auf lateinisch besang, dichtete (in deutscher Übersetzung): »... da Carol der Kaiser / Einst beim Kampf mit dem ungebändigten Volke der Sachsen / Dort die breit sich ergießende Flut des reißenden Mainstroms / Ohne Kenntnis der Furt überwunden und mitten durchs Flußbett / Seine Scharen geführt, da keine Brücke vorhanden: / Daher trägt nun der Ort für alle Zukunft den Namen.«

Und im Jahr 1675 schrieb ein Unbekannter am Ende seines Loblieds auf Frankfurt: »O Herre Jesu Christ, weil diese Furth der Francken / So alt als Du bist, ach laß sie nicht erkrancken. / Erhalte diese Stadt in Segen allezeit, / Biß sie komm Alters satt hin zu der Ewigkeit.«

Die kleine Pfalz am Main wird zum »berühmten Ort«

Warum ausgerechnet Frankfurt? Da geschah es, daß der Frankenkönig Karl nach dem Weihnachtsfest 793, mit seiner Frau Fastrada per Schiff von Würzburg kommend, in seinem Kammergut am Main eintraf. Das Areal auf dem heutigen Domhügel war nicht sehr groß, umfaßte 325 Meter Länge und 125 Meter Breite. Im Juni des Jahres 794 berief der König eine Synode und Reichsversammlung nach Frankfurt ein, in deren Verlauf der Name des Platzes zum erstenmal urkundlich erwähnt wurde. Ein Grund, im Jahr 1994 in Frankfurt eine mächtige 1200-Jahr-Feier zu veranstalten.

Der neugierige Bürger aber fragt sich heute: Wieso Frankfurt? Im großen Frankenreich gab es wahrhaft repräsentativere Pfalzen und Königshäuser als die Frankfurter »villa«. Immerhin gilt diese Synode heute noch als die vornehmste geistliche Versammlung, die in Frankfurt im Mittelalter zusammengekommen war. Erzbischöfe, Bischöfe, Priester und Diakone aus allen Provinzen des Frankenreiches waren anwesend, aus Italien, das zum Teil dem Frankenreich zugehörte, aus Spanien und Britannien kamen sie. Selbst der Papst hatte einen Legaten geschickt. Es kann wohl sein, daß äußere Umstände zur Wahl des Ortes führten. Im Westen des Reiches, im heutigen

Das Modell der karolingischen Pfalzanlage im »Archäologischen Garten« zwischen Dom und Römer in Frankfurt.

Frankreich also, hatte es 792 und 793 Mißernten und Hungersnot gegeben, der Osten blieb davon verschont.

Und so stellt sich die Frage, wie denn die vielen Gäste – jeder kam gewiß mit einem ganzen Troß – auf dem Domhügel untergebracht und samt ihren Pferden verpflegt und versorgt werden konnten. Die Nachrichten darüber fließen nur spärlich. Doch muß angenommen werden, daß die »villa« mit ihrem »domus regis«, dem Königshaus, aus der fruchtbaren Umgebung ihre Waren bezog, daß es schon eine Reihe von Handwerkern gab, die ständige Bewohner und Gäste mit dem Notwendigen versorgten. Außerdem war der Ort per Schiff sowohl von Würzburg als auch von Mainz her leicht zu erreichen. Obendrein barg der Main wahre Schätze: Der Fischreichtum wurde immer wieder gerühmt, die Zunft der Fischer genoß im Mittelalter hohes Ansehen.

Im neunten Jahrhundert entwickelte sich Frankfurt freilich zum Mittelpunkt des Ostfränkischen Reiches. Zwar hatte Karl der Große nach dem Tod seiner vierten Frau Fastrada Frankfurt verlassen und den Ort nie wieder aufgesucht, doch sein Sohn Ludwig der Fromme, zu Lebzeiten Karls schon von diesem zum Mitkaiser und Nachfolger bestimmt, kam 815 zum erstenmal nach Frankfurt und ordnete den Bau einer königlichen Pfalz an. 822 war sie fertig. Ihre Grundmauern wurden nach dem Zweiten Weltkrieg entdeckt, als unter den Trümmern der 1944 zerstörten Altstadt gegraben wurde. Ihr Modell ist auf dem Areal zwischen Dom und Römer aufgestellt.

Ludwig der Fromme und sein Sohn Ludwig der Deutsche bevorzugten die Pfalz in Frankfurt als Aufenthaltsort. Viele Gäste kamen in die Stadt, es muß schon einen Markt gegeben haben, auf dem Getreide, Wein, Käse und Salz angeboten wurden. Vieh und Tuche wird es gegeben haben, Luxusgüter ließ man aus Mainz kommen, der Schiffsverkehr auf dem Fluß war rege. Handwerker entwickelten im Lauf des Jahrhunderts eine emsige Tätigkeit. Die Gäste mußten mit Kleidung und Hausgerät, auch mit Jagdausrüstungen versorgt werden. Eine besondere Stellung aber nahmen die Flußfischer ein. Fisch gehörte nicht nur an jedem Freitag, sondern auch in der Fastenzeit zum Speiseplan.

Im Jahr 994, fast schon an der Schwelle des neuen Jahrtausends, schenkte Kaiser Otto III. den Chorherren der Salvatorkirche die königliche Fischereigerechtigkeit im Mainfluß. Alle Fische, die an jedem Freitag von allen Fischern gefangen wurden und früher dem König gebracht werden mußten, gehörten von da an den Bewohnern des Salvatorstifts. Der Kaiser machte diese »Freitagsschenkung« nicht aus reiner Menschenfreundlichkeit, er wollte etwas dafür haben: »Zum Heil meiner Seele und der Seelen meiner kaiserlichen Vorfahren und vor allem, damit jeden Freitag das ganze Jahr hindurch Uns regelmäßig eine heilige Messe gelesen werde, damit auch sonst die Brüder, die dem heiligen Erlöser in unserem castellum Frankfurt Tag und Nacht dienen im Psalmengesang und in den übrigen Gebeten, zudem täglich, wenn sie an sieben Stunden des Tages ebenso viele Psalmen singen, an Uns denken.«

Messe und Psalmen gegen Fische, ein typisch mittelalterlicher Tausch.

Als der Teufel nach Frankfurt kam

Auf einem Gemälde aus dem 19. Jahrhundert in Frankfurts Kaisersaal ist Karl III. mit einem ziemlich dicken Kopf dargestellt, für den die Krone fast zu klein erscheint. Die Gesichtszüge sind freundlich und gutmütig. Dieser Kaiser, der von 876 bis 887 regierte, ist in die Geschichte als Karl der Dicke eingegangen. Freilich meinen die Experten, der Beiname sei durch einen Übersetzungsfehler zustande gekommen. Eines jedenfalls steht fest: Auf dem Gemälde von Karl Trost sieht Karl III. nicht aus wie einer, der einmal vom Teufel besessen war.

Ein Zeitzeuge, der Erzbischof Hincmar von Reims, weiß zu berichten, was 873 zu Frankfurt geschah. Danach hatte König Ludwig der Deutsche eine Reichsversammlung in seinen Palast nach Frankfurt berufen, an der seine Söhne Ludwig und Karl auf Befehl des Vaters teilnehmen mußten. In den Bertianischen Annalen des Hincmar von Reims heißt es dann: »Währenddem kam der Teufel in Gestalt eines Engels des Lichts zu seinem Sohn Karl und sagte ihm, weil sein Vater ihn zugunsten Karlmanns verderben wolle, habe er Gott beleidigt, und werde sein Reich, das Gott Karl bestimmt habe, in kurzem verlieren. Derselbe floh erschreckt in die an seine Wohnung anstoßende Kirche, wohin ihm der Teufel folgte und aufs Neue zu ihm sagte: ›Weshalb fürchtest du

Der stämmige König Karl III. soll vom Teufel heimgesucht worden sein, konnte sich jedoch, nach Erzählungen, von ihm lösen.

dich und fliehest? Wenn ich nicht, um dir die nächste Zukunft zu verkünden, von Gott gesandt wäre, so würde ich in dieses Haus des Herrn dir nicht nachfolgen dürfen.‹ Auf diese Weise überredete er ihn, das ihm von Gott gesandte Abendmahl aus seiner Hand zu empfangen, und da solches geschehen, fuhr, nach dem Genuß der Hostie, der Teufel in ihn.

Als er hierauf zu seinem im Rate mit seinem Bruder, den Großen des Reiches, den Bischöfen und Laien sitzenden Vater kam, erhob er sich plötzlich besessen und schrie, er wolle der Welt entsagen und mit seiner Gemahlin in keiner Gemeinschaft leben. Er löste sich das Wehrgehenk mit dem Schwerte, schleuderte es zu Boden, riß den Gürtel los und, die Kleider wegwerfend, ward er heftig hin und her geschüttelt. Von den Bischöfen und anderen ergriffen, während der Vater und alle Anwesenden heftig erschraken, ward er in die Kirche geführt.

Der Erzbischof Luitbert bekleidete sich mit seinem priesterlichen Gewand und begann die Messe zu singen, und als er an das Evangelium gelangte, fing Karl heftig an, ›Weh!‹ zu rufen, und so schrie er ›Weh!‹ fort bis zu beendigter Messe.« Die Chronik vermerkt ausdrücklich, aus welchem Grund auch immer, daß dies in seiner deutschen Muttersprache geschah.

Immerhin scheint es geholfen zu haben. Karl wurde wieder vernünftig. Als Ludwig der Deutsche 876 starb, wurde das Reich wie folgt aufgeteilt: Karlmann erhielt Bayern und südöstliche Marken, Ludwig III., der Jüngere, Mainfranken, Thüringen und Sachsen, Karl III. Alemannien und Churrätien. Als Ludwig III. sechs Jahre später starb, wurde Karl III. Alleinherrscher im fränkischen Ostreich. Man sagte ihm eine gewisse Schwäche in der Staatsführung nach, 887 dankte er ab. Ein Jahr später war er tot.

Die Geschichte der Väter, Söhne und Brüder im großen Frankenreich war stets mit Streit und Kämpfen verbunden. Auch Ludwig der Fromme, der Sohn Karls des Großen, hatte sich seinem Sohn Ludwig, den man später wegen seines Herrschaftsbereichs den Deutschen nannte, gegenüber schäbig verhalten: 838 nahm er eine neue Reichsteilung zugunsten seiner Söhne Lothar und Karl des Kahlen vor und entzog Ludwig Ostfranken bis auf Bayern. Im Vertrag von Verdun 843 wurde dann schließlich ehrlich geteilt: Italien und Lotharingien für Lothar, Westfranken, also Frankreich, für Karl den Kahlen und Ostfranken, also Deutschland, für Ludwig.

Chroniken berichten, daß den frommen Ludwig das Unrecht, das er seinem Sohn Ludwig angetan hatte, bis in den Tod verfolgte. Zur Fastenzeit im Jahr 874 nämlich erschien Ludwig dem Deutschen der Vater im Traum und bat, ihn von seinen Qualen zu erlösen, damit er in das ewige Leben eingehen könne. Der König schrieb gleich darauf von Frankfurt aus an alle Klöster, die Priester und Mönche möchten für den verstorbenen Vater beten. Die Salvatorkapelle beschenkte er reich und ließ sie zur Kirche ausbauen. Das Salvatorstift entstand.

Auf des Königs Schulter saß der Abt

In der Zeit jener Tage sind Dinge aufgekommen zum Erstaunen des ganzen Erdreichs. Denn als der Allerheiligste Papst Eugen der christlichen Kirche vorstand und Konrad der Dritte die Zügel der Herrschaft hielt, da ward berühmt Bernhard Abt von Clairval, dessen Ruhm durch solcher Zeit sich ausbreitete, daß aus dem ganzen Erdkreis die Völker zu ihm hinströmten, um die Wunder zu sehen, die durch ihn geschahen.« Ein gewisser Helmold berichtete davon im Jahr 1146 in seiner »Slawenchronik«, die Friedrich Böhmer 1836 aus dem Lateinischen übersetzte. »So gut es ging«, fügte der Übersetzer wohlweislich hinzu. Manche Formulierungen wirken deshalb etwas kraus.

Der Abt Bernhard von Clairvaux, wie er heute genannt wird, nahm die Gelegenheit eines großen Reichstags in Frankfurt wahr, hier vor den Großen des Reiches und viel Volk, das sich in der Stadt aufhielt, zum zweiten Kreuzzug nach Jerusalem aufzurufen, um das Heilige Grab für immer den Anhängern Mohammeds zu entreißen. Er wollte den Kaiser dazu gewinnen.

Die Frankfurter Hoftage des Königs Konrad III., der aus dem schwäbischen Haus der Staufer stammte, dauerten mehrere Jahre. Es galt, Besitzverhältnisse zu regeln und Fehden zu been-

Konrad III. trägt Bernhard von Clairvaux aus der Salvatorkirche, März 1147. Zeichnung von Moritz von Schwind, 1844.

den. Vierzehn Tage lang währte die Hochzeit, die der König für die Witwe Heinrichs des Stolzen – sie war erst 29 Jahre alt – mit seinem Bruder, der auf den schönen Namen Heinrich Jasomirgott hörte, ausrichtete. Bei dieser Gelegenheit gelang es dem König, die bisher uneinigen Fürsten zu versöhnen.

Im Jahr 1146 tauchte Bernhard von Clairvaux in der Stadt auf und hatte sogleich mächtigen Zulauf. Der Chronist Helmold berichtet: »Da nun der heilige Mann in der Kirche eifrig beschäftigt war, die Kranken im Namen Gottes zu heilen, in Gegenwart des Königs und der vornehmsten Machthaber, war es bei den großen Volksmassen unbekannt, was den einzelnen Kranken fehlte, und zufällig welchem er gerade zu Hilfe kam. Damals war unser Graf Adolf (Graf in den Ländern nördlich der Elbe) dort anwesend, indem er gewisser wahrnehmen wollte aus der göttlichen Wirksamkeit die Tugend des Mannes. – Unterdessen wurde ihm ein blinder und lahmer Knabe dargeboten, über dessen Gebrechlichkeit kein Zweifel obwalten konnte. Da wurde der scharfsinnige Mann (der Graf nämlich) höchst aufmerksam, ob er vielleicht an jenem diesem Knaben eine Erfahrung von der Heiligkeit jenes (Bernhards) nehmen könnte. Da befahl der Gottesmann – als wenn er von der Zweifelsucht jenes durch Göttliche Erleuchtung belehrt wäre und ihr abhelfen wollte – gegen seine Gewohnheit, daß man ihm den Knaben bringen solle, denn die anderen bezeichnete er nur durch Worte. Da er ihm nun gebracht wurde, empfing er ihn mit den Händen und gab den Augen durch länger anhaltendes Berühren das Sehen zurück, und seine gelähmten Knie zusammenfassend hieß er ihn eilen zu den Stufen, offenbare Beweise gebend, daß er sowohl Gesicht als Gang wieder erhalten habe.«

Die Wundertätigkeit des frommen Mannes sprach sich herum, die flammenden Predigten lockten das Volk in großen Scharen zu seinen Auftritten in der Salvatorkirche. Jedermann wollte ihn sehen, seine Stimme hören und seine Kleider berühren. An einem solchen Tag im Jahr 1147 kam Bernhard in gefährliches Gedränge. Es gab kein Vor und Zurück mehr. Da bahnte sich König Konrad einen Weg durch die Menge, nahm den Abt auf die Schulter und trug ihn aus der Kirche.

Im Namen des Königs schrieb Bernhard einen Brief, der überallhin versandt wurde, in dem es hieß: »Weil der Herr unserer Armseligkeit es übertragen hat, das Wort des Kreuzes zu predigen, verkündigen wir nach dem Rate unseres Herrn, des Königs und der Bischöfe und Fürsten, die in Frankfurt zusammengekommen sind, daß die Macht der Christen sich waffne … und diese Zeichen des Heiles nehme, die Heidenvölker zu vernichten oder zu bekehren. Wir versprechen diesen Kreuzfahrern den gleichen Ablaß wie denen, die nach Jerusalem gezogen sind.«

Mit König Konrad III. an der Spitze traten Scharen von Kreuzfahrern die Reise ins Heilige Land an. Das Unternehmen scheiterte, der König kehrte 1149 nach Deutschland zurück.

Till Eulenspiegel und seine Messeneuheit

Friedrich von Gottes Gnaden erhabener römischer Kaiser, König von Jerusalem und Sizilien, wollen durch dieses Schriftstück aller Welt bekanntmachen, daß wir alle insgesamt und jeden einzelnen der zu den Messen nach Frankfurt Reisenden unter Unseren und des Reiches besonderen Schutz aufnehmen. Wir gebieten, daß niemand auf dem Hinweg zu diesen Messen oder auf dem Rückweg in irgendeiner Weise zu belästigen oder zu behindern wagen soll. Wer es dennoch wagen würde, soll wissen, daß er mit dem Zorn Unserer Majestät zu rechnen hat. Zur Einprägung dieses Befehls haben Wir diese Urkunde darüber herstellen und mit dem Siegel Unserer Majestät bekräftigen lassen. Gegeben von Kaiser Friedrich II. im Feldlager bei der Belagerung von Ascoli am 11. Juli 1248.«

Eine Genehmigung zur Abhaltung von Messen in Frankfurt ist – wie gelegentlich angenommen – dieser Schutzbrief des Kaisers, den er mitten in Italien während eines Feldzugs diktierte, nicht. Aber eine Bestätigung: Es gibt diese Frankfurter Messe, und der Kaiser hält sie für wichtig genug, sie unter seinen Schutz zu stellen. Die Kaufleute, die im Mittelalter mit vollgepackten Wagen nach Frankfurt reisten und vielleicht mit wohlgefüllten Geldbeuteln nach Hause fuhren, lebten ge-

Koggen und Karawanen brachten die kostbaren Waren des Orients zu den Umschlagplätzen. Von dort ging es weiter zur Frankfurter Messe.

fährlich. Hinter jedem Baum konnten Raubritter, Wegelagerer oder Gelegenheitsdiebe lauern, die darauf aus waren, den »Meßfremden« ihr Hab und Gut abzunehmen. Doch sie wußten auch sehr wohl, was es hieß, den Zorn des Kaisers auf sich zu ziehen. Landfriedens- und Städtebündnisse sicherten das freie Geleit.

Die Frankfurter Messe, die zunächst nur im Herbst abgehalten wurde, hatte sich aus dem Markt der frühen Jahre entwickelt. Korn, Wein, Holz, Wolle, Wachs, Seife, Pferde und Federvieh waren die Waren, die bereits im 12. Jahrhundert angeboten wurden. Im 13. Jahrhundert dauerte die ständige Erweiterung des Handelsplatzes in Frankfurt an, im Jahr 1330 schließlich erlaubte Kaiser Ludwig der Bayer, jedes Jahr zur Fastenzeit eine weitere Messe abzuhalten. Von da an breitete sich der Ruhm des Handelsplatzes in ganz Europa aus.

An den Waren und ihrer Herkunft läßt sich die

Bedeutung der Frankfurter Messe deutlich erkennen. In einer Zollordnung des Jahres 1329 waren bereits folgende Artikel verzeichnet: Schlachtvieh, Fleisch, Pferde, Butter, Blei, Schmierfett, Unschlitt, Rheinfische, Gewürze, Eisen, Zinn, Glas, Trinkbecher, Kreide, Weinstein, Schleifstein, Pech, Hanf, Wein, Flachs, Wolle, Leinen, Tuch. Der Handel spielte sich zunächst noch auf nationaler Ebene ab, wobei vornehmlich Handwerksprodukte an den Ständen, die den Römerberg und die ganze Altstadt füllten, angeboten wurden. Doch bereits im 14. Jahrhundert gewann Frankfurt als Messestadt internationales Format.

So sah dann das »bessere« Angebot im dichten Gedränge der Altstadt aus: Lübecker Heringe, Bücklinge, Stockfische, nordische Pelze und Felle, Wachs, Farbe und Gerbstoffe, edle und unedle Metalle, Spezereien (Pfeffer, Ingwer, Lorbeer, Muskatnüsse, Safran), Bamberger Buchen- und Eichenholz zum Bauen, Mode-, Kunst- und sonstige Luxusartikel, Glaswaren aus Venedig, Juwelen, Gold- und Silberwaren, Tiroler Rosenkränze, gemalte Tafeln, Wein und Pferde, nach denen eine große Nachfrage bestand. Es gab Handelsbeziehungen nach England, zu den Ostseeländern, nach Rußland, zu den Balkanländern, nach Italien, Frankreich und bis hin zum Orient.

Diese Fülle an Waren müßte auch Till Eulenspiegel gesehen haben, sollte er je in Frankfurt gewesen sein. Es gibt zwar immer noch Zweifel daran, daß dieser Schalksnarr überhaupt gelebt hat, aber die meisten Forscher nehmen an, daß er in Braunschweig geboren wurde und 1350 in Mölln starb, wo man heute noch sein Grab zeigt. Die vielen Schwänke aber, die über ihn erzählt werden, seien altes Volksgut. In einer dieser oft sehr rauhen und unflätigen Geschichten heißt es, Eulenspiegel sei, von Rom kommend, in Frankfurt gewesen und habe auf der Messe allerhand teure Ware aus dem Orient gesehen, darunter manches seltene Kraut. Was er dann selbst an einem Stand verkauft habe, sei eine Wahrheitsdroge gewesen. Man brauche nur darauf zu beißen und erfahre die Wahrheit.

Und jeder, der darauf gebissen habe, habe die Wahrheit verkündet: »Das ist ja Dreck!« Der Gelehrte Karl Simrock, der das Büchlein herausgegeben hatte, war zu fein, die volle Wahrheit zu schreiben.

Die »Aussteiger« vom Heiligen Geist

Als »Aussteiger« bezeichnet der Frankfurter Historiker Franz Lerner jene jungen Frauen und Männer, die sich, vom südfranzösischen Montpellier ausgehend, in ganz Europa zusammenfanden, um sich dem Dienst an den Mitmenschen zu widmen. Sie seien, so lassen die spärlichen Berichte vermuten, Abkömmlinge vornehmer und reicher Familien gewesen. Im Namen des Heiligen Geistes haben sich Gemeinschaften gebildet, Hospitäler und Elendenherbergen wurden gegründet. Ihre Aufgaben im Mittelalter waren klar umrissen: Die Beherbergung von Pilgern und Wanderern, die Pflege armer Kranker, die nicht durch Zunft oder Familie geschützt waren, später die Betreuung und Versorgung kranker Gesellen, deren Zunft Betten im Spital erwarb, schließlich die Altersversorgung von »Pfründnern«, die sich im Hospital »einkauften«. Letztere Einrichtungen waren vor allem für Frankfurt von besonderer Bedeutung.

Seit mehr als 700 Jahren existiert die Stiftung »Hospital zum Heiligen Geist« in dieser Stadt. Heute verfügt sie über zwei Krankenhäuser, eine Schule für Krankenpflege und zwei Altenheime im Taunus. Über die Anfänge aber geben nur wenige Quellen Auskunft. Franz Lerner hat sich in

Das alte Gebäude des Hospitals zum Heiligen Geist am Südhang des Domhügels, wo vom 13. Jahrhundert an bis ins Jahr 1839 Kranke und Elende Hilfe und Herberge fanden.

einer Broschüre über die Stiftung damit befaßt, hat das Hospital stets im Zusammenhang mit der Geschichte der Stadt gesehen. Von den Gründern weiß man so gut wie nichts, Einheimische waren sie wohl nicht. Sie bildeten eine religiöse Gemeinschaft. Finanziert wurde das Hospital von Anfang an aus Stiftungen, die bald reichlich flossen. Die Stifter dachten dabei auch an ihr Seelenheil, wußten, daß sie Gutes tun mußten, um als »Reiche in den Himmel zu kommen«. Ein Geldopfer war leichter zu bringen als aktive Mitarbeit. Vor allem Grundstücke wurden der Stiftung vermacht. Den Dienenden im Hospital ging es natürlich auch um das Seelenheil. Krankenpflege zielte nicht in erster Linie auf Heilung, für die es ja kaum Möglichkeiten gab, sondern war Dienst und Hilfe zu einem guten Sterben.

Seit 1315 ist das Heiliggeist-Hospital auf jenem Platz nachweisbar, auf dem es 500 Jahre seine segensreiche Tätigkeit entfaltet hatte. Heinrich Crig von Speyer hatte um diese Zeit eine Herberge für Elende, Fremde, Pilger und Mittellose, die unterwegs waren, gestiftet. Der Platz des Hospitals war am Südfuß des Domhügels, direkt an der Mainfurt in nächster Nachbarschaft der Handwerkergassen, wo tagsüber große Geschäftigkeit herrschte. Die Menschen im Spital mochten das Gefühl gehabt haben, daß sie noch dazu gehörten und in der Stadt geborgen waren. Der »Schwarze Tod« veränderte die Situation. Im Jahr 1349 starben allein 2000 Menschen an der Pest. Es war etwa ein Viertel der Frankfurter Bevölkerung. Danach waren die Schwestern und Brüder des Konvents »verschwunden«. Es ist anzunehmen, daß die Pest sie hinweggerafft hatte. In den folgenden Jahren regelte der Rat der Stadt die Aufnahme und Behandlung im Spital.

Leprakranke durften das Hospital nicht in Anspruch nehmen. Gegen die unheilbare und ansteckende Krankheit wußte man im Mittelalter keinen Schutz als den, diese »guten Leute«, wie sie genannt wurden, aus der städtischen Gemeinschaft auszuschließen. Sie lebten in eigenen Siechenhäusern außerhalb der Städte. Westlich von Frankfurt war es der »Gutleuthof«. Die Aussätzigen lebten in religiöser Gemeinschaft mit vorgegebenen Regeln.

Vom Alltag im Spital des Mittelalters gibt es keine Berichte. Zu einem guten Teil war die Anstalt Selbstversorger, die Lebensverhältnisse so bescheiden wie die der meisten Menschen. Seit der Steinzeit war der Brei die Hauptform der gekochten Mahlzeit, dazu gab es Brot aus grob gemahlenem Roggen. Gebäck aus Weizenmehl war eine Festtagsspeise. Butter und Wurst waren einfachen Leuten nahezu unbekannt. Es gab Marmelade, die ohne Zucker zubereitet wurde. Eine Latwerge aus überreifen Früchten war sehr süß. Das einzige Süßmittel war Honig; Rohr- und Rübenzucker waren unbekannt. Rüben und Kohl wurden bereits angebaut, Hülsenfrüchte auch. Sauerkraut und Salzbohnen wurden eingelagert, Erbsen, Linsen und Bohnen getrocknet, Apfelschnitze lufttrocken aufbewahrt. Der tägliche Brei also hatte die verschiedensten Variationen. Fleisch und Fisch waren Festtagsspeisen.

Berichte von gewaltigen Schlemmereien im Mittelalter täuschen. Die gab es nur am »Tisch der Reichen«. Die einfache Bevölkerung und erst recht die Insassen der Hospitäler konnten höchstens davon träumen.

Hofdiener nahmen ihre Bräute einfach mit

Eine Notiz in der »Frankfurt-Chronik«, das Jahr 1232 betreffend, macht den Leser stutzen. Da heißt es: »König Heinrich (VII.) verspricht, daß er künftig keinen Frankfurter Bürger mehr zwingen will, daß dieser seine Tochter oder Enkelin einem von dem königlichen Hofgesinde (de curia nostra) zur Ehegattin gebe, sondern daß er sich bei den Bürgern auf eine einfache Fürsprache (petitio) beschränken will. Insbesondere befreit er die Tochter Johann Goldsteins von der erzwungenen Ehe mit einem Hofdiener (servus noster).«

Dieser Heinrich, dessen (VII.) zum besseren Verständnis in Klammern geschrieben wird, hat sich der Stadt Frankfurt verschiedentlich als huldvoll erwiesen. Er war der Sohn des Kaisers Friedrich II., der zu den profiliertesten Erscheinungen des Mittelalters gehörte. Als Friedrich nach Rom reiste, um dort zum Kaiser gekrönt zu werden, ließ er seinen Sohn Heinrich zum König wählen. Das war im Jahr 1220. Der Kaiser hielt sich meist in seinem Königreich Sizilien auf. 1235 lehnte sich Heinrich gegen seinen Vater auf und wurde gefangengenommen. Der rechtmäßige Heinrich VII. war ein Luxemburger und lebte 80 Jahre später. Er wurde 1308 in Frankfurt gewählt und 1312 in Rom zum Kaiser gekrönt.

Die Goldsteins, deren Hofgut zwischen Niederrad und Schwanheim gelegen war (unser Bild), waren schon im 13. Jahrhundert von altem, einheimischem Adel.

Heinrich (VII.) mit den Klammern hatte in Frankfurt ein Gesetz über die Inquisition erlassen, das sich gegen ungerechte Urteile wandte. Auch hatte er den Bürgern zur sofortigen Wiederherstellung und späteren Erhaltung der durch Überschwemmung stark beschädigten Brücke auf ewige Zeiten das halbe Einkommen aus der Münze und das nötige Holz aus dem Reichswald überlassen. Wichtig vor allem war das Versprechen des Königs, daß die kaiserlichen und königlichen Hofbedienten nicht mehr Bürgertöchter heiraten dürften, ohne jemanden zu fragen.

In einer Chronik heißt es: »Die Ursache zu diesem Privilegio hat gegeben der damahlige Gebrauch in den Städten, wann nämlich ein Kayser oder König in eine Stadt gekommen und einer seiner bey sich habenden Hoffbedienten eine schöne und reiche Tochter ersahe und solche zur Ehe haben wollte, konnte er auf diese Art ohne Begrüßung der Eltern und der Weibsperson sie erlangen.« Bedenkt man, daß im frühen Mittelalter Kaiser und Könige zu Reichstagen und Fürstentagen, zu Gerichtstagen und hohen Feiertagen mit großem Gefolge nach Frankfurt kamen, so läßt sich vermuten, daß da eine stattliche Zahl an Bürgertöchtern ungefragt mit auf die Reise gehen mußte. Auch angesehene und vermögende Frankfurter konnten sich bis 1232 nicht dagegen wehren. Johann von Goldstein war so einer.

In der Chronik heißt es weiter: »Nun ware unter des Königs Hoffbedienten auch einer, so sich in des Johann von Goldstein Tochter verliebte und zu ehelichen verlangte. Da nun der von Goldstein seine Tochter nicht gern von sich gabe, tratte er selbsten vor den König, brachte durch verständige Motive zu wegen, daß ihn der König wie die Wort in dem angezeigten Privilegio lauten, ratione dieser gezwungenen Ehe mit seinem Hoffdiener N. nicht allein gäntzlich absolvirte, sondern auch den vier Wetterauischen Städten dessentwegen das Privilegium mittheilte, daß nämlich hinfüro alle Eltern von dergleichen gezwungenen Ehen ihrer Kinder befreyet sein sollen.«

Es war ohne Zweifel ein wichtiger Schritt auf dem Weg zur Emanzipation der Frauen.

Die Bäckerschweine liefen durch die Gassen

Der Frankfurter Chronist Franz Lerner gibt in seinem Bericht über das Hospital zum Heiligen Geist von den Anfängen bis zum Ausgang des Mittelalters, der 1989 in einem Sonderdruck erschienen ist, ein anschauliches Bild von der Umgebung des Spitals, das seit 1315 an der Südseite des Domhügels nahe dem Saalhof nachgewiesen werden kann. Da heißt es: »Die Nachbarschaft im Norden wie im Osten bildeten die Gassen der Handwerker, die dort dichtgedrängt in Fachwerkhäusern wohnten und ihren Gewerben nachgingen. Parallel zur Saalgasse zog die Bendergasse vom Römerberg zum Dom. In ihr lärmten die Faßbinder und besaßen drei Stock tiefe, in den Fels gehauene Keller, in denen große Mengen des Rheingauer und Elsässer Weines lagerten, die zu den wichtigsten Handelsartikeln der spätmittelalterlichen Messen gehörten. Ostwärts grenzte das Metzgerviertel an das Spital mit dem zum Main hin mit einem direkten Abfluß versehenen Schlachthaus. Die Fleischschirnen jedoch, an denen die Metzger einer neben dem anderen am Hackklotz auf offener Straße Fleisch und Wurst feilhielten, bildeten nordwärts eine schmale Gasse. Von einer ruhigen und ungestörten Lage des Hospitals konnte kaum die Rede sein, zumal auf dem Main

Die alte Mainbrücke. Zeichnung aus dem Jahr 1405.

die Fischer arbeiteten und das An- und Ablegen der Frachtkähne gewiß für Betrieb sorgte. Die Bender gingen zudem mit offenem Feuer um, und aus der Metzgergasse stiegen beim Brühen der Schweine und beim Säubern der Därme und Mägen der Schlachttiere Dämpfe und Dunstwolken auf. Doch die Menschen suchten damals in den Städten das pulsierende Leben, sie waren Geräusche und kräftige Düfte gewohnt.«

Die Einwohnerzahl Frankfurts war im Mittelalter schwankend, immer wieder hinterließen Seuchen ihre tödlichen Spuren. Über 10 000 wird sie im 13., 14. und 15. Jahrhundert wohl kaum gestiegen sein. Als Zeitpunkt der »Stadtwerdung« nimmt man allgemein das Jahr 1311 an, als an die Stelle des Reichsbeamten zwei Bürgermeister traten. Der mittelalterliche Stadtkern war voller Leben, in der Mitte des 14. Jahrhunderts wurde eine Stadterweiterung notwendig.

Der nunmehr gebildete Rat war für die Aufrechterhaltung der Ordnung in der Stadt verantwortlich. Polizeigesetze wurden erlassen, der Markt kontrolliert. Es gab Verordnungen gegen Verschwendung und Luxus, hygienische Maßnahmen wurden befohlen, speziell für die Messen und den Markt, Preis- und Gewichtsnormen wurden festgelegt.

Schwierigkeiten hatte die Feuerwehr. Fast die ganze Altstadt bestand aus Fachwerkhäusern, zum großen Teil mit Stroh und Schindeln gedeckt. Immer wieder wurde versucht, die Verwendung von Strohdächern zu unterbinden. Doch in Frankfurt war das nicht so einfach. Im Jahr 1440 wurden Feuerspritzen aus Nürnberg angeschafft, etwa zur gleichen Zeit wurde die Feuerwehrverordnung erlassen. Die Bürger waren verpflichtet, Eimer und Bütten mit Wasser bereitzustellen. Die Feuerwehr stand unter Leitung des älteren Bürgermeisters. Zimmerleute und Steindecker, Mitglieder aus Zünften und Stubengesellschaften gehörten dazu.

Mit Verboten war auch das Schmutz- und Müllproblem nicht zu meistern. Es wurde einfach ignoriert. Vom verordneten Reinhalten der Gassen und Gewässer war nichts zu erkennen. Ein eigenes Amt wurde eingerichtet: Der »Dreckmeister« war für die Beseitigung desselben verantwortlich. 1421 wurde verboten, Schweine in den Straßen umherlaufen zu lassen. 1481 wurde das Halten dieser Haustiere in der Altstadt ganz verboten. Die Bäcker trieben ihre Schweine in den Main und auf das Feld, dennoch sah man die Tiere an den Häusern stehen.

Zu den Messen – dann auch zu Kaiserwahlen und -krönungen – wurde die Stadt einigermaßen gesäubert. Die Gassen wurden vom Unrat befreit, frisches Stroh ausgestreut, damit die Gäste trockenen Fußes einhergehen konnten. Und auch die erste öffentliche Bedürfnisanstalt wurde zweimal im Jahr zu den Messen geleert und gereinigt.

Der Leibarzt stand unter Mordverdacht

Zu den eigenartigsten historischen Sehenswürdigkeiten in Frankfurt gehört die Grabplatte des Günther von Schwarzburg im Dom, die ursprünglich die Deckplatte auf dem im Jahr 1352 im Chor der Stiftskirche errichteten Hochgrab des Verstorbenen war. Dieser Graf Günther von Schwarzburg, Herr von Blankenburg, Arnstadt und Saalfeld im Thüringischen, war im Jahr 1349 für ein paar Wochen ein gewählter, aber nicht gekrönter deutscher König. Er war 45 Jahre alt und Vater von fünf unmündigen Kindern, als er am 30. Januar 1349 in Frankfurts Dominikanerkloster von einem Teil der Kurfürsten zum König gewählt wurde. Ein Titel, den auch Karl IV. aus dem Haus Luxemburg für sich beanspruchte. Günther starb am 14. Juni des gleichen Jahres im Johanniterkloster. Sehr bald darauf kam das Gerücht auf, der Gegenkönig sei mit Gift ermordet worden. Generationen von Historikern beschäftigten sich mit dieser Frage. Die meisten glaubten nicht an Mord, aber das Gerücht hielt sich.

Von Königs- oder Kaisermorden war im 14. Jahrhundert immer wieder die Rede. Verdächtig erschien den Bürgern schon der plötzliche Tod Heinrichs VII. Dieser war im Jahr 1308 in Frankfurt zum deutschen König gewählt wor-

Die Grabplatte des Günther von Schwarzburg im Frankfurter Dom.

den, 1312 wurde er in Rom zum Kaiser gekrönt, ein Jahr später war er tot. Auch über den Tod von Karl IV., der Günther von Schwarzburg um fast 30 Jahre überlebte, gab es Gerüchte. Er habe verdächtig lang auf dem Siechenbett gelegen. Er war freilich schon 63 Jahre, was für damalige Verhältnisse ein hohes Alter war.

Den Beweis für den Giftmord an Günther von Schwarzburg sehen seine Interpreten in der Inschrift auf dem Grabstein. Ihr Wortlaut: »falsch undruwe schande zymt, des stede druwe schaden nymt. undruwe nam gewinnes hort, undruwe falsch mit giftes wort.« Chronisten deuteten das Wort »Gift« auf die verschiedenste Weise, doch haben sich seriöse Historiker darauf geeinigt, daß es hier im Sinn von »Gabe« gemeint sei. Der Untreue also geziemt Schande, weil an ihr die stete Treue Schaden nimmt. Die Untreue hat sich Gewinn verschafft mit der Falschheit des gegebenen Wortes. Günther von Schwarzburg hat viel Untreue und Verrat erlebt, doch die Frankfurter hielten ihm die Treue und öffneten erst nach seinem Tod dem anderen König die Tore.

Im Mai 1349 führte Günther von Schwarzburg einen letzten Kampf gegen seinen Gegenspieler Karl, den Luxemburger, der ein Sohn des Königs von Böhmen war. Karl hielt sich mit seinem Heer bei Mainz auf. Günther kam mit seinen Truppen von Frankfurt her und wollte den Gegner über den Rhein locken. Es gelang nicht, der besetzte Ort Kastel wurde niedergebrannt, der Marsch ging weiter nach Eltville. Unterwegs überfiel der Graf von Nassau die Nachhut Günthers, die vornehmlich aus Frankfurtern bestand. In Chroniken heißt es, sie seien auf Schleichwegen durch den Taunus nach Hause geflohen.

Geschlagen und als schwerkranker Mann kam Günther von Schwarzburg nach Frankfurt zurück. Das Königsbanner, Zeichen seiner Würde, wurde ihm vorangetragen. Die Gegner griffen den Rückzug nicht an. Als König zog er in die Stadt ein, soll aber kurz vor seinem Tod auf die Königswürde verzichtet und allen Ansprüchen auf das Reich entsagt haben. Die Grabplatte zeigt ihn als Ritter ohne Krone, auf dem Schild ist nicht der Reichsadler, sondern das Hauswappen zu sehen. In einem Aufsatz aus jüngster Zeit – der Historiker Carl Schaeffer schrieb ihn 1960 – heißt es, Günther habe nie eine Verzichtserklärung geleistet. Er sei nur zu schwach gewesen, sich zu wehren. Er sei als deutscher König gestorben.

Aber wie? Der Arzt Freidank von Heringen, so heißt es in alten Chroniken, habe dem König einen Heiltrank gereicht. Günther sei mißtrauisch gewesen und habe den Arzt genötigt, davon zu trinken. Freidank sei infolge des Trankes plötzlich niedergesunken und drei Tage später gestorben. Das müßte aber schon im April gewesen sein. Sein Tod und der von weiteren drei Ärzten könnte auch auf eine Epidemie schließen lassen. Günther von Schwarzburg kam nach verlorener

Schlacht am 27. Mai in Frankfurt an und starb am 14. Juni, lebte also noch 28 Tage auf dem Krankenlager. Tod durch Vergiftung? Das ließ sich nicht feststellen.

Das Jahr 1349 ist in der Frankfurter Geschichte als das »Pestjahr« verzeichnet. Die Krankheit, von der die Stadt immer wieder heimgesucht wurde, hielt 1349 ihre größte Ernte. 2000 Menschen, so ist es überliefert, starben innerhalb von 198 Tagen an der Pest. Fast ein Viertel der gesamten Bevölkerung. Der »Schwarze Tod« machte auch vor Königsthronen nicht halt.

Ein eigener Festtag für die Saufbrüder

Das Pestjahr 1349 war wie ein Signal. In einer Zeit der politischen Wirren suchte die Seuche Frankfurt heim. Chroniken berichten, daß innerhalb von 192 Tagen mehr als 2000 Einwohner starben. Seuchen kamen anderthalb Jahrhunderte lang in wechselnden Abständen über die Stadt. Im Jahr 1496 wird zum erstenmal die Syphilis genannt, 1507, 1517 und 1519 waren wiederum Pestjahre.

Ein großes Wehklagen ging durch die Stadt. Prozessionen zogen umher. Mit Kerzen in den Händen, das Gesicht mit einem Beuteltuch gegen Ansteckung verhängt, sangen die Menschen: »Nu hebent auf die sweren Händ, daß Gott das große Sterben wend.« Aus Würzburg kamen die »Geißelbrüder«, fanatisierte Menschen, die sich selbst geißelten und auf ihren Wegen viel Unheil anrichteten. Am 24. Juli 1349 richteten sie unter den Juden in Frankfurt ein furchtbares Blutbad an. Das Judenquartier, damals noch nahe dem heutigen Dom gelegen, brannte ab, mit ihm das Rathaus und Teile des Bartholomäusstifts. In den Wirren der Zeit waren die Juden vor Pogromen nirgends sicher.

Die Schrecken dieser Jahre hatten aber noch eine andere Seite. Ein großer Teil der Einwohner Frankfurts stürzte sich in einen Vergnügungstau-

Frankfurter Patrizier auf dem Weg zum Tanz. Zeichnung aus dem Bedebuch des Jahres 1405.

mel, der wohl die Gefahr, in der sie lebten, vergessen machen sollte. Über fehlende Moral und Disziplin berichten die Chroniken des ausgehenden 14. und des 15. Jahrhunderts. Immer wieder gab es Verordnungen und Verbote, um die sich meist kein Mensch kümmerte. Streit und Messerstechereien, zum Teil mit tödlichen Folgen, geschahen allenthalben. Schließlich wurde das Tragen von langen Messern verboten. Am Römer war ein Maß der erlaubten Länge angebracht. Ob sich jemand danach richtete, ist eine andere Frage.

Für ausschweifende Festgelage war auch der Rat der Stadt immer zu haben. Da gab es die halbamtlichen Dienst- und Bürgermeistergelage, den Samstagtrunk, das Unterzechen, die Mahlzeiten auf der Bank, den Umtrunk auf der Botenstube. Berühmt war das Hirschessen, das in jedem Jahr stattfand, wenn das Wildpret im Hirschgraben erlegt worden war. Alle, die etwas mit der Stadtverwaltung zu tun hatten, saßen beisammen. Geistliche, Edelleute und auch die Freudendirnen kamen, um sich ihren Anteil zu holen.

Um die Mitte des 15. Jahrhunderts beschrieb Bernhard Rohrbach, selbst Angehöriger eines Frankfurter Patriziergeschlechtes, ein Gelage der besseren Gesellschaft in jener Zeit: »Den Sonntag und Montag abend essen Männer und Frauen auf der Trinkstube zu Limburg (gemeint ist das Haus Limpurg) und halten nach der Mahlzeit einen öffentlichen Tanz. Den Dienstag essen sie dort zu Mittag und ziehen dann in fröhlichen Reihen hinüber nach dem Deutschen Haus. Hier werden drei Tänze gehalten, nach dem ersten trinkt man firnen Wein, nach dem zweiten neuen Wein, nach dem dritten werden Semmel ausgeteilt. Dann zieht die Gesellschaft zum Sankt Johannishaus. Hier werden sie mit

Kappes, Heringen und Braten bewirtet, an firnem und neuem Wein ist Überfluß. Von hier aus wankt der Zug nach dem Antoniterhof. Dort wieder drei Tänze. Nach dem ersten weißen Wein und Konfekt, nach dem anderen roten und Lebkuchen, zuletzt Semmel und kleine Messer als Geschenk ...« Und so geht das weiter.

Frankfurt feierte einen besonderen Festtag für Saufbrüder. Es war der Sankt Urbanstag am 25. Mai, an dem man in Prozessionen umherzog und hierbei vor allen Schenken haltmachte. Um die Trinkgelage nicht ausufern zu lassen, verordnete der Rat, wann sie zu beendigen seien. Die Feierabendglocke, wegen ihres langen Läutens auch »lange Glocke« genannt, zeigte dem Zecher im Sommer um neun Uhr am Abend, im Winter eine Stunde früher an, wann die Schenken geschlossen werden mußten. Zur Messe galt die Regel nicht. Die Polizeistunde war – wie heute – aufgehoben.

Für jeden Kurfürsten 200 Pferde und kein Stück mehr

Ludwig Börne, kritischer Journalist des beginnenden 19. Jahrhunderts, stand an einem Tag des Jahres 1837, so wird berichtet, mit dem Dichter Heinrich Heine vor dem Frankfurter Römer und erinnerte sich: »Ich habe sie noch nie gesehen, und seit meiner Kindheit hegte ich immer eine geheime Sehnsucht nach dieser Goldenen Bulle.« Schließlich ergänzte er: »Nein, laßt uns diesen miserablen Kontrakt, wodurch Deutschland zugrunde ging, nicht betrachten; ich will sterben, ohne die Goldene Bulle gesehen zu haben.«

Johann Wolfgang Goethe dagegen erzählt in seinen Erinnerungen, er habe von dem Wert und der Würde dieses Dokuments von Schöff von Olnschläger erfahren, einem »schönen, behaglichen und sanguinischen Mann, der in seiner burgemeisterlichen Festtracht sehr wohl den angesehensten französischen Prälaten hätte vorstellen können«. Goethe schrieb weiter: »Ich hatte von Kindheit auf die wunderliche Gewohnheit, immer die Anfänge der Bücher und Abteilungen eines Werkes auswendig zu lernen, zuerst der fünf Bücher Mosis, sodann der Äneade und der Metamorphosen. So machte ich es nun auch mit der Goldenen Bulle …« So waren die Meinungen über dieses Gesetzeswerk aus dem Jahr 1356 auch nach dem

Ankunft der sieben Kurfürsten zu Wasser und zu Lande.
Holzschnitt im Straßburger Druck der Goldenen Bulle, 1485.

Ende seiner Gültigkeit bei Frankfurts Literaten umstritten. Mit der Abdankung des letzten römisch-deutschen Kaisers Franz II. am 6. August 1806 hatte es keine Gültigkeit mehr.

1356, ein Jahr nach seiner Kaiserkrönung in Rom, erließ Karl IV. in Nürnberg dieses Reichsgesetz, das die Königswahl gesetzlich regeln und festlegen sollte. Der Kaiser hatte selbst seine Erfahrungen mit Königen und Gegenkönigen, mit Zwisten und Kämpfen gemacht. Dies alles sollte bei künftigen Wahlen durch eindeutige Rechtsnormen ausgeschlossen werden. Die Bezeichnung »Goldene Bulle« wurde von der goldenen Kapsel – lateinisch: »bulla« – hergeleitet, in der das Reichssiegel verwahrt wurde. Dieses Reichsgrundgesetz, beschlossen auf zwei Reichstagen, übertrug die Königswahl endgültig auf die drei geistlichen Kurfürsten, die Erzbischöfe von Mainz (Erzkanzler für Deutschland), Trier (Erzkanzler für Burgund) und Köln (Erzkanzler für Italien) und die vier weltlichen Kurfürsten, den König von Böhmen (Erzschenk), den Herzog von Sachsen (Erzmarschall), den Pfalzgrafen bei Rhein (Erztruchseß) und den Markgrafen von Brandenburg (Erzkämmerer). Frankfurt aber wurde durch diese Urkunde die wichtigste Reichsstadt und blieb es bis 1806.

Freilich war dies auch mit gestrengen Vorschriften verbunden: »Wir befehlen aber den Bürgern von Frankfurt und gebieten ihnen, daß sie kraft des Eides, den sie deshalb gemäß unserer Verordnung bei den Heiligen schwören müssen, alle Kurfürsten insgesamt und jeden einzelnen samt allen ihren Leuten, die ein jeder von ihnen mit 200 Pferden in die Stadt gebracht hat, vor dem Angriff eines anderen (Kurfürsten), wenn zwischen ihnen eine Mißhelligkeit entstehen sollte, wie auch sonst vor jedermann mit treuem Fleiß und ernstlicher Sorgfalt beschützen und behüten sollen; widrigenfalls machen sie sich des Meineids schuldig und sollen außerdem alle ihre Rechte, Freiheiten, Privilegien, Vergünstigungen und Gnaden, die sie vom Heiligen Reich bekanntlich empfangen haben, gänzlich verlieren und wegen ihrer Tat mit Leib und Gut insgesamt in die Reichsacht verfallen; und es soll alsdann jedermann erlaubt sein, eigenmächtig und ohne Gerichtsurteil dieselben Bürger, die wir in diesem Fall jetzt und künftig für rechtlos erklären, als Verräter, Ungetreue und Empörer gegen das Reich ungestraft anzugreifen, dergestalt, daß der Angreifer weder von dem Heiligen Reich noch von sonst jemand irgendeine Strafe zu befürchten braucht.

Ferner sollen die vorgenannten Bürger von Frankfurt während der ganzen Zeit, die man sich mit der oft erwähnten Wahl beschäftigen und darüber verhandeln wird, niemanden, welcher Würde und welches Standes oder Ranges er sei, in besagte Stadt einlassen oder ihm auf irgendeine Weise hineinzukommen gestatten, mit alleiniger Ausnahme der Kurfürsten und ihrer vorerwähnten Gesandten und Bevollmächtigten, deren jeder mit 200 Pferden, wie oben steht, eingelassen werden soll ...«

Es war bisweilen nicht so einfach, ein Frankfurter Bürger zu sein. Die »Goldene Bulle« aber, die es in mehreren Kopien gibt, ist über Jahrhunderte hinweg ein Frankfurter Kleinod und eine Sehenswürdigkeit der Stadt. Aber der Engländer, der 1719 eigens nach Frankfurt reiste, um den »Goldenen Bullen« zu sehen, war bitter enttäuscht. »Goldene Ochsen« sind nur auf Wirtshausschildern zu finden.

Ein Gulden im Monat für mittlere Beamte

Eine kleingedruckte Anmerkung in der Begleitbroschüre zu einer Ausstellung »Der Frankfurter und sein Geld« besagt, die Kaufkraft eines Pfennigs um das Jahr 1000 herum habe 30 Pfund Roggenbrot betragen. Mit dem Pfennig ist der Denar gemeint, der im frühen Mittelalter die wichtigste Münze war. Offenbar war seine Kaufkraft recht hoch. In einer anderen Anmerkung heißt es: »Ein Goldgulden war 1480 der Monatslohn des Werkmeisters Hans von Ingelheim, der für den Bau des Domturms verantwortlich war.«

Das Münzwesen im Mittelalter und den darauffolgenden Jahrhunderten war eine außerordentlich komplizierte Angelegenheit, da die Privilegien, eigenes Geld zu prägen, von den Herrschenden recht großzügig vergeben wurden. Gegen bares Geld natürlich. Für den Numismatiker ist die Beschäftigung mit dem deutschen Münzwesen eine »Goldgrube«, doch die Frage nach dem Wert des Geldes bleibt schwer zu beantworten. Von der Kaufkraft erfährt man in den Chroniken nur hie und da etwas. Den Rest muß man sich zusammenreimen. Ein Goldgulden soll im 15. Jahrhundert dem Monatsgehalt eines mittleren Beamten entsprochen haben. Legt man dies als Tatsache zugrunde, dann läßt sich ermessen, welch unge-

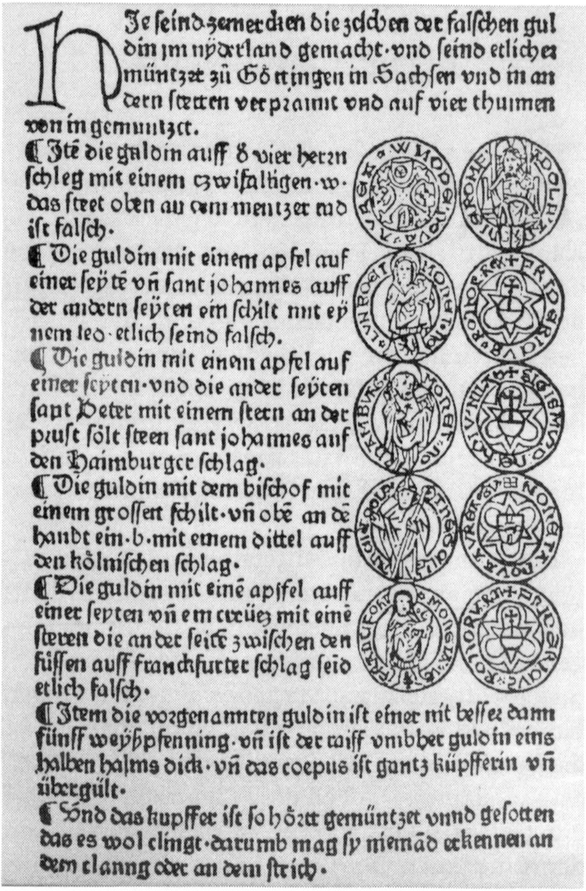

Hie seind zemerdien die zeichen der falschen guldin im nyderland gemacht · vnd seind etlicher müntzer zü Göttingen in Sachsen vnd in andern stetten verprannt vnd auf vier thuimen von in gemuntzet.

Itē die guldin auff d vier herrn schleg mit einem cʒwifaltigen · w · das steet oben au demi mentzer vnd ist falsch ·

Die guldin mit einem apfel auf einer seytē vñ sant johannes auff der andern seyten ein schilt mit eynem leo · etlich seind falsch.

Die guldin mit einem apfel auf einer seyten · vnd die ander seyten sant Peter mit einem stern an der prust sölt steen sant johannes auf den Haimburger schlag ·

Die guldin mit dem bischof mit einem grossen schilt · vñ obē an dē handt ein · b · mit einem dittel auff den kölnischen schlag ·

Die guldin mit einē apsfel auff einer seyten vñ ein creüez mit einē steren die ander seite zwischen den füssen auff franckfurter schlag seid etlich falsch ·

Item die vorgenannten guldin ist einer nit besser dann fünff weyßpfenning · vñ ist der taiff vnibber guldin eins halben halms dick · vñ das coepus ist gantz küpfferin vñ übergült ·

Vnd das kupffer ist so hörtt gemüntzet vnnd gesotten das es wol clingt · darumb mag sy niemād erkennen an dem clanng oder an dem strich ·

Eine Warnung vor Falschgeld aus dem Jahr 1481. Auf dem kleinen Plakat werden falsche Münzen genau beschrieben und abgebildet. Besonders Gulden wurden oft gefälscht.

heure Summen den Besitzer wechselten, als es darum ging, die Selbständigkeit Frankfurts zu erkaufen. Kaiser Karl IV. brauchte immer Geld.

Die Denare Karls des Großen wurden wahrscheinlich bereits in Frankfurt geprägt. Von den Münzen, die »Brakteaten« hießen und unter Friedrich I. im 12. Jahrhundert in Umlauf gesetzt wurden, weiß man es schon genauer. Bis ins 13. Jahrhundert wurden noch Denare hergestellt. Sie dienten vor allem als Fernhandelsgeld.

Am 2. August des Jahres 1400 wurde der erste Goldgulden des Königs Ruprecht in Frankfurt geschlagen. Es war die erste Goldmünze in der Reichsmünzstätte Frankfurt. Unter seinem Nachfolger Sigismund setzte sich ein neuer Goldguldentyp durch. Er wurde in großen Mengen geprägt und fast ohne Änderung von den folgenden Kaisern übernommen. Die Vorderseite zeigte den heiligen Johannes mit Heiligenschein, die Rückseite den Reichsapfel. Er wurde auch »Apfelgulden« genannt. 1428 erhielt die Stadt Frankfurt von König Sigismund das Recht, Silbermünzen zu prägen. Da entstanden die Turnosen, Silbergroschen nach dem Vorbild der französischen Stadt Tours, »Englische«, silberne Sterlinge nach dem Londoner Vorbild, und die beliebten Heller. Sie hießen ursprünglich Häller und waren nach der Stadt Schwäbisch Hall benannt.

In den mittelalterlichen Bedebüchern, in denen die Abgaben an die Stadt aufgezeichnet wurden, läßt sich ziemlich genau ablesen, wie es um die Vermögensverhältnisse der Frankfurter stand. Wegen Armut steuerunfähig waren im Jahr 1420 nur vier Prozent, mehr als 10 000 Gulden besaßen 1,7 Prozent. Steuerfrei waren ein Drittel des Wohnhauses, ein Pferd, eine Kuh, Hausrat, Kleider, zwei silberne Becher, ein Jahresbetrag an Brotfrucht, Wein, Brennholz, Viehfutter und Stroh. Nur 35 Prozent der 2382 Steuerpflichtigen besaßen darüber hinaus noch Vermögen. Fast 46 Prozent von ihnen unter 20 Gulden, 27 Prozent zwischen 20 und 100 Gulden, 14 Prozent zwischen 100 und 400 Gulden. Im Jahr 1495 besaß fast die Hälfte der Bürgerschaft kein versteuerbares Vermögen. Der Historiker Friedrich Bothe, der die Zahlen aus den Bedebüchern ermittelt hat, dazu: »Wenn nicht von Armut, so darf man doch von Dürftigkeit bei einem großen Teil der Bevölkerung sprechen.«

Durch die Messen kam viel fremdes Geld in die Stadt. Hatten die Münzen das richtige Silber- und Goldgewicht, so ließ die Stadt einen Stempel einschlagen. Das bedeutete, daß Handelsleute die Münze in Zahlung nehmen konnten. An Neujahr 1547 wurden die ersten Taler geschlagen. Fast 200 Jahre entstanden sie mit geringen Abweichungen in Frankfurt. Der erste städtische Goldgulden kam 1567 auf den Markt, zugleich sein Gegenwert, der silberne Guldentaler oder Reichsguldner. Sie galten 60 Kreuzer oder 240 Pfennig.

Vom Jahr 1618 an wurde das Geld als Folge des Dreißigjährigen Krieges immer schlechter. »Kipper und Wipper« traten auf den Plan. Sie prägten Münzen, deren Gehalt an Edelmetallen geringer war als vorgeschrieben. An dem Geschäft beteiligten sich auch Fürsten und Münzmeister. Im Jahr 1622 sah es düster aus mit dem Wert des Geldes. Galt 1596 ein Taler noch 72 Kreuzer, mußte man 1622 bereits 600 Kreuzer dafür bezahlen. Heute nennt man das Inflation.

Nach dem Dreißigjährigen Krieg wurde in Frankfurt der silberne Gulden eingeführt, der bis ins 19. Jahrhundert die wichtigste Währungseinheit blieb.

Juni 1364: die erste Hausbesetzung

In einer Juninacht des Jahres 1364 zog eine Schar von Mitgliedern der Frankfurter Zünfte lärmend zum Liebfrauenberg vor das stattliche Haus, in dem Siegfried von Marburg, nach seinem Wohnsitz »zum Paradies« genannt, lebte. Einige von ihnen drangen in das Haus ein, an ihrer Spitze Henne Wirbel, der einmal Bürgermeister war. Sie beschimpften den Hausbesitzer, einen Frankfurter Bürger seit 1347 und zugleich Schöffen von Kaisers Gnaden, bedrohten ihn auch und fanden harte Worte gegen Kaiser Karl IV., der in Deutschland von 1347 bis 1378, also mehr als dreißig Jahre lang, regierte. Dies war die erste aktenkundige »Hausbesetzung« in Frankfurt.

Siegfried zum Paradies eilte sogleich zum Kaiser nach Prag, um dessen Schutz zu erbitten. Er stand in hoher Gunst des Herrschers. Karl IV. nannte ihn seinen »besonderen Freund«, hatte ihm den Titel eines Kaiserlichen Rats verliehen. Die Freundschaft hatte eine solide Basis: Schon der Vater des Siegfried wurde in Marburg »der Reiche« genannt. Der Sohn war mindestens zeitweise der größte Grundbesitzer und wohl auch der reichste Mann Frankfurts. Und der Kaiser brauchte immer Geld. Auf Siegfrieds Beschwerde hin drohte der Kaiser sogleich mit

Reichsschultheiß Siegfried von Marburg, genannt zum Paradies, Vertrauter Karls IV. Die Grabplatte befindet sich jetzt in der Nikolaikirche.

Reichsungnade für diejenigen, die ihn bedrohten. Doch kann die Strafe für Henne Wirbel und seine Freunde nicht sehr hart gewesen sein. Henne blieb weiterhin Mitglied des Rates.

Die politischen Verhältnisse im Frankfurt des 14. Jahrhunderts waren verworren und schwer überschaubar. Gebieter der Stadt war immer noch Kaiser Karl IV., sein Kanzler war Rudolf von Friedberg, sein Stellvertreter in der Wetterau Ulrich III. von Hanau. Ulrich war als Landvogt Pfandinhaber des Frankfurter Schultheißenamtes und hatte als solcher den Schultheißen zu bestimmen, außerdem war er Herr über das Gericht und den Reichswald.

Im Frankfurter Rat, der sich seine zwei Bürgermeister selbst wählte, hatten die ersten Familien das Sagen. Sie ergänzten, so ist in zeitgenössischen Berichten zu erfahren, die Schöffensitze aus ihren Reihen, saßen in allen drei Bänken des Rates und gingen mit dem städtischen Geld um, als sei es ihr eigenes. Wenn ein Ratsmitglied oder eines seiner Kinder Hochzeit feierte, spendete der Rat eine ganze Ohm Wein, Ratsmitglieder und die Geistlichen erhielten an hohen Feiertagen Geld aus der Stadtkasse, Unkosten für Privatangelegenheiten wurden aus derselben bezahlt. Die Zünfte der Wollenweber oder Gewandmacher, Metzger, Kürschner, Bäcker, Schuhmacher, Löher und Gerber, Fischer, Schneider, Schiffer, Steindecker, Zimmerleute, Steinmetze, Bender und Gärtner taten sich zusammen und forderten ihre Selbständigkeit gegenüber dem Rat. Sie waren längst keine armen Leute mehr. Unter den 25 reichsten Bürgern der Stadt befanden sich 1354 nicht weniger als 15 Anführer, Anhänger und Hintermänner des Zunftaufstandes, der sich abzeichnete. Die Zunftmitglieder drohten mit Gewalt.

Im Jahr 1358 gab es dann einen Vertrag zwischen Rat und Bürgerschaft, der vom Kaiser bestätigt wurde. Die Bürgerschaft sollte jedes Jahr zwölf Männer aus ihrer Mitte wählen. Die Partei der Bürgerschaft wurde angeführt von Heinrich im Saale, den Ulrich von Hanau als Schultheiß eingesetzt hatte, dazu Henne Wirbel, der zeitweilig Bürgermeister war, Hans Schelle und Gerhard Rosenbusch. Sie beobachteten voller Mißtrauen das Wirken des Siegfried zum Paradies, des Reichen und Mächtigen, seinen Drang zur Schöffenbank und damit zu größerer Macht. Schließlich gestattete der Kaiser Siegfried im Jahr 1363 auch noch, das Schultheißenamt, Wald und Forstamt für die gleiche Summe einzulösen, wie sie das Reich an Ulrich von Hanau verpfändet hatte. Siegfried hatte das Geld nicht zur Hand, dafür aber war ihm die Schöffenstelle sicher. Als er bezahlen konnte, war die Pfandsumme noch einmal angestiegen.

Dies alles führte zur Hausbesetzung, die dann doch noch Folgen haben sollte. Im Oktober 1365 bildeten die Zünfte eine Art geheime Verbindung. Sie wollten die Umgestaltung des Schöffenkollegiums, notfalls mit Gewalt, erreichen. Das war Rebellion. Acht Schöffen flohen zum Kaiser nach Prag. Dieser beauftragte Erzbischof Gerlach von Mainz mit der Untersuchung des Falles. Er befand 18 reiche Frankfurter für schuldig, sich gegen Kaiser und Reich und die Schöffen der Stadt vergangen zu haben. Die Beschuldigten mußten flüchten, ihr Besitz wurde eingezogen.

Siegfried zum Paradies aber erreichte für kurze Zeit sein Ziel. Ulrich von Hanau übertrug ihm auf Geheiß des Kaisers für 800 Pfund Heller das Schultheißenamt, Wald und Forstamt kosteten 1400 Gulden. Unter der Hand erhöhte der Kaiser den Preis noch einmal um 1000 Gulden. Am 2. Juni 1372 schließlich verkaufte Karl IV. der Stadt Frankfurt Ämter und Wald für »8800 guldun guter gewichte«. Siegfried zum Paradies mußte zurücktreten. Zwar hatte ihm der Kaiser einmal versprochen, daß er das Amt zeit seines Lebens behalten dürfe, aber das wurde vergessen über dem Geld, das ihm die Frankfurter unter die Nase hielten.

Damit aber war die Autonomie der Stadt endgültig gesichert. Frankfurt war »Freye Reichsstadt«.

Die Kosten für eine verlorene Schlacht

Die Schlacht von Kronberg« ist der Titel eines zweiteiligen Gemäldes aus dem 16. Jahrhundert, das im Historischen Museum zu Frankfurt aufbewahrt wird. Es stellt den Kampf der Frankfurter gegen die Herren von Kronberg und Reifenberg und die zu Hilfe der Ritter geeilten Pfälzer und Hanauer am 14. Mai 1389 dar. Da ist ein ungeheuerliches Schlachtengetümmel, gewaltige Heerscharen, teils beritten, teils zu Fuß, sind da zugange. Doch ist auch deutlich zu erkennen, daß sich einige Krieger auf der Flucht befinden. Ihr Ziel ist Frankfurt, das im Hintergrund zu sehen ist. Ein Wagen, mit vier Schimmeln bespannt, bringt Verwundete vom Schlachtfeld.

Auf dem anderen Bild sind pfälzische Ritter zu sehen und in der Ecke ein Wald, in dem seltsame Gestalten hantieren. Sie schälen die Rinden der Kastanienbäume ab, um diese wertvollen Nahrungsspender zu vernichten. Die Frankfurter hatten schon vor der Schlacht Bauern aus Niedererlenbach losgeschickt, solchen Waldfrevel zu tun und Kronbergs Weinberge zu zerstören.

Ludwig Kriegk, verdienstvoller Historiker und Archivar in Frankfurt, schilderte um die Mitte des vergangenen Jahrhunderts die Geschichte von der großen Niederlage der Frank-

Die Schlacht bei Kronberg 1389. Der Ausschnitt aus dem Mammutgemälde zeigt das Schlachtgewühl im Kronenthal. Im Hintergrund die Türme der Stadt Frankfurt, im Vordergrund ein mit Schimmeln bespannter Wagen, der Verwundete in die Stadt bringt.

furter im Kronenthal mit dem gebührenden Lokalpatriotismus, während in einer Limburger Chronik dieses vermerkt ist: »Also schlug der kleine Hauff den großen Hauff nieder. Das war nicht wunder, denn der große Hauffe flohe und der kleine stritte. O Frankfurt! Frankfurt! gedenke dieser Schlacht!« Kriegk dagegen gibt zwar zu, daß die Frankfurter zahlenmäßig überlegen waren, daß sie aber der pfälzischen Reiterei nicht gewachsen waren. Die hatten 150 Gleenen, das sind Reiter mit je drei Begleitern und vier Pferden, die Frankfurter höchstens 50.

In jenen Jahren lagen Städte und Ritter immer wieder in Fehde. So hatten die Frankfurter schon bei den Rheinischen Städten gegen Ruprecht von der Pfalz bei Pfeddersheim mitgekämpft. Die Herren von Kronberg und Reifenberg sagten daraufhin der Stadt die Fehde an, der sich die Grafen von Hanau anschlossen. Es gab einige Scharmützel und Zwischenfälle, doch schien es, wie Kriegk vermutet, den Kriegern noch zu kalt gewesen zu sein für eine ordentliche Schlacht.

Im Mai also rüsteten die Frankfurter zum Kampf. 2000 Krieger zogen gen Kronberg. Das waren berittene Patrizier mit ihren Söldnern und zu Fuß kämpfende Mitglieder der Zünfte und sonstigen Korporationen. Auch Artillerie hatte man schon dabei, mit der unter viel Pulverdampf Burgen und Städte beschossen wurden. Die stadteigenen Burgen von Bonames, Rödelheim und Bergen waren vor dem Kampf neu befestigt worden. Der Stadtschultheiß Winter von Wasen zog mit dem Banner voran. Unter den Patriziern, die da kämpften, waren allein vier Holzhausens.

Zunächst besiegten die Frankfurter die Kronberger. Sie waren schon auf dem Heimweg, als sie bei Steinbach und Eschborn von Pfälzer und Hanauer Truppen angegriffen wurden. Die Niederlage war gründlich, 613 Frankfurter Krieger wurden gefangengenommen. Die Angaben über die Zahl der Toten schwanken zwischen 40 und 100. Sehr viele Kämpfer wurden verwundet, das Verbandszeug für ihre Versorgung kostete allein

59 Goldgulden. Das dicke Ende kam nach: Die Ritter machten die Rechnung auf: 73000 Goldgulden in sechs Jahresraten für die Freilassung der Gefangenen. Die finanzielle Last wirkte ein ganzes Jahrhundert lang nach.

Wie bei allen großen Ereignissen nahm sich auch die Märchenwelt der Schlacht bei Kronberg an: In Eschborn erzählte man sich die Mär, wie der Esel »Jockel« vom Eschborner Jäckelhanshof der eigentliche Sieger war: Ein Kronberger hatte sich den Esel als Ersatz für sein getötetes Pferd genommen. Der gepanzerten Last und der spitzen Sporen ungewohnt, rannte er gegen die feindlichen Reihen und schrie so erbärmlich und laut, daß die Frankfurter das kalte Grausen packte und sie in Richtung der Stadt davonliefen. Und weiter heißt es: »Die schönste Jungfrau des Dorfes flocht ihm einen Maienkranz, führte ihn in einem Umzug durch Eschborns Gassen und die Sackpfeifer spielten mit lustigen Weisen dazu auf.«

Wenn der Kaiser ins Frauenhaus ging

Zwar ward auch zu jenen Zeiten der christlichen Sittenlehre gemäß die Hurerei für eine Sünde gehalten, aber es ging mit ihr wie zu allen Zeiten mit der Habgier, dem Geiz, der Trunksucht, Völlerei und anderen Sünden, welche als solche angesehen wurden, aber anderen keinen Schaden brachten, daß sie ungestraft blieben und geduldet wurden. Diese sozusagen natürliche Schwäche wurde damals um so leichter und allgemeiner als solche anerkannt, weil die Menschen in jener Zeit derber und physisch kräftiger waren als zu unserer Zeit und ebenso in ihren Lastern wie in ihren Tugenden entschiedener, offener und rücksichtsloser auftraten.« Mit diesen wohlwollenden Sätzen versucht der Frankfurter Chronist Ludwig Kriegk in seinen Aufzeichnungen des 19. Jahrhunderts die Tatsache zu erklären, daß in den Ratsprotokollen des 15. Jahrhunderts kein Thema so oft vorkommt wie Ehebruch und Hurerei.

So war zu verzeichnen, daß selbst das Reichsoberhaupt und andere Könige sich nicht scheuten, mit ihrem Gefolge am hellen Tage Freudenhäuser aufzusuchen. Bei den Stadtbesuchen war es Brauch, daß diese Häuser vor der Ankunft des Kaisers oder Königs ausgeschmückt wurden, beim feierlichen Empfang sandte der Rat den

Besucher der Frankfurter Messen trafen sich gern im Männerbad, wo sie Gespräche führen konnten und im übrigen für allerlei Abwechslung gesorgt war.

Hoheiten die Dirnen des Frauenhauses mit Blumensträußen entgegen. Sie waren die Vorgängerinnen der »Ehrenjungfrauen«, die im vergangenen Jahrhundert dem Kaiser huldigten. Der Rat der Stadt Frankfurt im späten Mittelalter ermahnte die Bürger statt dessen, ihre Töchter und Dienstmägde von der beginnenden Dämmerung an nicht ausgehen zu lassen.

Andere deutsche Städte hatten eigene Frauenhaus-Ordnungen; Frankfurt verzichtete darauf, der Rat versuchte aber, die Prostitution unter Kontrolle zu halten. Zwei Frauenhäuser waren sozusagen städtisch. Sie standen an der Alten Mainzer Gasse nahe der Stadtmauer. Der Weg dahin führte durch die Frauenpforte. Auf die Ordnung im Hause, aber auch auf die Rechte der Bewohnerinnen achtete der Stöcker. Dieser städtische Beamte war im Hauptberuf der Gehilfe des Scharfrichters und hatte die Aufgabe, nach entsprechenden Urteilen die Strafe der abgezählten Stockhiebe an Delinquenten zu vollziehen. Ein Beruf, der einen Mann nicht voll auslastete. Der Stöcker kassierte in beiden Häusern wöchentlich zweidrittel Gulden, während der Messen aber deren sechs, dazu mußte jede in den Häusern tätige Frau einen Schilling bezahlen, Auswärtige während der Messen einen Gulden. Der Stöcker führte die Miete an die Stadtkasse ab. Eines der Häuser war im Jahr 1388 Eigentum des Leonhardstiftes. Der Rat zahlte diesem, den Karmelitern und den Dominikanern Grundzins dafür. Daneben bestand natürlich eine stattliche Anzahl nichtkonzessionierter Frauenhäuser, die sich zum großen Teil einer Kontrolle entziehen konnten.

Die Besucher der Frauenhäuser waren zum großen Teil unverheiratete Männer, deren Anteil an der Gesamtbevölkerung relativ hoch war. Kleriker, so heißt es in den Berichten, durften nicht heiraten, Handwerksgesellen erst, wenn sie Meister waren. Messegäste brachten wohl das meiste Geld, aber auch zu anderen Jahreszeiten durchreisende Kaufleute. Verheiratete Männer kamen auch. In einem Bericht heißt es: »Der Besuch des Frauenhauses war so selbstverständlich und auch so wenig ehrenrührig, daß städtische Bedienstete den Besuch eines solchen als Spesen abrechneten.« Die Prostituierten stammten meist aus dem Kreis der fahrenden, nichtseßhaften Bevölkerung. Es gab spezielle Kleidervorschriften. Freudenmädchen durften nicht dort erscheinen, wo ehrbare Frauen tanzten, auch durften sie deren Kirchenstühle nicht benutzen. Doch die Teilnahme am Gottesdienst war gesichert.

Zu den Messen kamen die »feilen Dirnen« aus allen Himmelsrichtungen. Sie nahmen meist in den heimlichen Frauenhäusern im Fischerfeld, in der Fischergasse, der Weißgerbergasse und der Schüppengasse Quartier. Letztere war bis ins 20. Jahrhundert als Adresse dieser Art geläufig. Schließlich verlagerte sich die Szene ins Rosenthal zwischen Katharinenpforte, Kleinem und Großem Hirschgraben. Es wurde zu einer Art Toleranzzone im heutigen Sinne. Der reiche Claus Stalburg vermachte 1501 der Stadt 200 Gulden mit dem Zweck, den entsittlichenden Einfluß der »Hurerei« dadurch zu beseitigen, daß ein einziges großes Frauenhaus gebaut wird und alle Dirnen in dasselbe getrieben würden. Auch solche Gedanken haben sich in unserer Zeit wiederholt. »Hurenmenger« gab es auch schon. Sie waren ganz gewöhnliche Zuhälter.

Im Lauf des 16. Jahrhunderts wurden alle Frauenhäuser in Deutschland geschlossen. »Auch in den katholisch gebliebenen Gebieten«, wie es ausdrücklich heißt.

Heiße Würfel auf dem Heißenstein

König Wenzel, Sohn des Kaisers Karl IV., der 1376 in Frankfurt von den Kurfürsten zum König gewählt worden war, nachdem ihm sein Vater eine ganze Tonne Gold versprochen hatte, fehlte 1397 beim prachtvollsten Reichstag, den die Stadt Frankfurt je gesehen hatte. Dafür kamen die anderen alle. 32 Fürsten und Herzöge, über 150 Grafen und etwa 1300 Ritter, 3700 Edelknechte und 550 Pfaffen und Doktoren, nicht zu vergessen das Gefolge von 800 Dirnen und die große Schar der Bediensteten. Der König konnte freilich nicht kommen. Die böhmischen Stände hielten ihn wegen seiner Grausamkeit und Trunksucht schon seit 1394 gefangen.

Der Stadt Frankfurt war es aufgegeben, die Gäste unterzubringen, zu versorgen und schließlich auch zu unterhalten. Ein Vergnügen besonderer Art wußten die Stadtväter anzubieten, das im ganzen Reich einmalig war. Im Jahr 1379 war in Frankfurt zur Herbstmesse eine Spielbank eröffnet worden. 1396 übernahm die Stadt den Spielbetrieb in eigener Verwaltung. Wahrscheinlich wußte der Rat, was ein Jahr später auf die Stadt zukommen werde. Zwar war in normalen Zeiten die Öffnung der Spielbank nur an Messetagen erlaubt, aber an Reichstagen und Fürstentagen wurde natürlich eine Ausnahme gemacht.

Nicht nur am Heißenstein wurde gespielt. Im Jahr 1454 verbrannten Spieler ihre Karten auf dem Bartholomäus-Kirchhof, nachdem der Franziskaner-Mönch Johannes Capistrano eine flammende Bußpredigt gegen das Spiel gehalten hatte. Eduard von Steinle hat die Szene 1880 im Bild festgehalten.

Das Haus zum großen Glück dürfte 1397 drei Wochen lang geöffnet gewesen sein. Ausgaben für Lichter, die in den Kassenbüchern notiert sind, lassen darauf schließen, daß auch nachts gespielt wurde.

So strömten denn die Fürsten und Grafen, Ritter und Edelknechte zum Heißenstein, einem Haus am heutigen Steinweg, nahe dem späteren Theater- und heutigen Rathenauplatz. Zunächst wurde der Spielbetrieb von drei Pächtern organisiert. Sie bezahlten für jede Messe 100 Gulden an die Stadt, 1389 wurde die Pacht auf 125 Gulden je Messe gesteigert. Drei Jahre später gab es nur noch einen Pächter, der zu jeder Messe 200 Gulden auf den Tisch legte. Dann tauchten als Pächter die drei Namen Knoblauch, Frisch und Kranich auf. Das waren Mitglieder vornehmer Patrizierfamilien. Sie hatten wohl erfahren, daß mit einem Unternehmen, das sich nur mit Glücksspielen befaßte, viel Geld zu machen war, auch wenn die Pacht auf 240 Gulden pro Messe erhöht wurde. Der Rat der Stadt übernahm aus dieser Erkenntnis heraus 1396 den Spielbetrieb selbst.

Der Rechenmeister war verantwortlich für das Geschehen am Heißenstein. Ein Portier, »Türknecht« genannt, wurde eingestellt, und es läßt sich vorstellen, daß er ähnliche Aufgaben zu bewältigen hatte wie heute noch Türsteher an verschiedenen Etablissements. Obendrein wurden sieben weitere Männer eingestellt. Sie werden wohl die Funktion gehabt haben, wie sie in unserer Zeit Croupiers innehaben. Die Kosten für das Personal wurden mit 149 Gulden jährlich veranschlagt, der Gewinn der Stadt betrug durchschnittlich um 900 Gulden. Rechenbücher weisen aus, daß die Stadt insgesamt 29666 Gulden aus der Spielbank eingenommen hatte, das war der 33. Teil des gesamten städtischen Einkommens.

In keiner anderen deutschen Stadt lohnte sich die Einrichtung einer Spielbank so sehr wie in

Frankfurt. Die reichen Kaufleute, die zu jeder Messe hierher strömten, waren auch bereit, etwas im Spiel zu riskieren, erst recht, da sich nirgendwo anders, jedenfalls auf legale Weise, eine solche Möglichkeit fand. Es hat sich da nicht viel geändert. Heutzutage erzielen die Spielbanken in Bad Homburg und Wiesbaden zu Messezeiten in Frankfurt wesentlich höhere Umsätze als an normalen Tagen.

Es wurde auch mit Karten gespielt, vor allem aber fielen die Würfel. In seinem ersten Jahr als Spielbankbetreiber ließ der Rat der Stadt schon 7000 Würfel anschaffen. 2000 Würfel kosteten damals 17 Schillinge oder dreiviertel Gulden. Die Spieler müssen wohl die Würfel, die ihnen Glück oder Unglück brachten, geschenkt bekommen oder einfach mitgenommen haben, denn zwei Jahre vor der Schließung der Spielbank wurden gar 16 400 Würfel gekauft. Im Jahr 1423 kam der Rat der Stadt den Spielern soweit entgegen, daß er ihnen je neuneinhalb Gulden für persönliche Spesen schenkte.

Im Jahr 1409 entschloß sich der Rat, ein eigenes Haus für die Spielbank bauen zu lassen. Gegenüber der Hauptwache entstand der »Neue Heißenstein«. 22 Jahre lang wurde hier noch gespielt. Im Jahr 1422 stellte der Rat der Stadt das Spiel ein. Gründe für die plötzliche Maßnahme sind nicht überliefert.

Ein Wilddieb mit Namen Hans Winkelsee

Wer ist der Mann am Eschenheimer Turm? An der Spitze des hohen Torbogens am früheren Eingangstor zu Frankfurt ist noch heute ein Sandsteinrelief zu sehen, einen Männerkopf mit Mütze darstellend. Die Meinungen über den Mann gehen auseinander. Es könne, so heißt es, der Meister Mengoz sein, der das viereckige Erdgeschoß gebaut und sich vielleicht am oberen Ende seines Werkes selbst verewigt habe. Oder Madern Gertener, der dem Turm die endgültige runde, schlanke und doch trutzige Form gab. Frankfurts Sagen- und Märchenerzähler meinen, es könne auch ein Porträt des Wilddiebes Hans Winkelsee sein, der den Neuner in die Wetterfahne geschossen haben soll. Doch wissen die Gelehrten nicht genau, ob dieser Winkelsee überhaupt je gelebt hat.

Madern Gertener war der berühmteste Frankfurter Baumeister des 15. Jahrhunderts. Von ihm stammte der Entwurf des Domturms, zu dem der Grundstein 1415 gelegt wurde. Historiker schreiben ihm auch die Pläne für den Chor der Leonhardskirche zu, ebenso das Leinwandhaus am Dom. Den Westchor der Katharinenkirche in Oppenheim hat er auch geschaffen. Sein frühestes Werk in Frankfurt war die Neugestaltung der Alten Brücke, für deren Sicherheit sich der »Städti-

Der Eschenheimer Turm, in den Jahren 1426 bis 1428 von Madern Gertener fertiggestellt, war jahrhundertelang der stolze Mittelpunkt der Frankfurter Stadtbefestigung. Um ihn rankt sich die Sage vom Wilddieb Hans Winkelsee, von der keiner weiß, wie sie entstanden ist.

sche Werkmeister« 1399 verbürgte, sein letztes Werk der Eschenheimer Turm. Innerhalb eines guten Jahres hatte er ihn 1428 fertiggestellt. Mit Wetterfahne obenauf.

Wer aber war Hans Winkelsee? Er trat ziemlich spät, nämlich im Jahr 1852, ans Licht der Öffentlichkeit. In Ludwig Bechsteins Deutschem Sagenbuch erschien die Geschichte zum erstenmal gedruckt. 1861 übernahm sie Friedrich Enslin in sein Frankfurter Sagen- und Märchenbuch, 1911 erzählte Friedrich Bothe sie neu in einem Buch für die Frankfurter Schuljugend. Der deutsche Professor Karl Simrock hatte gar ein Gedicht über den Wilddieb Hans geschrieben. Er soll den Namen Winkelsee erfunden haben. In der überlieferten Sage habe der Mann nur Hans geheißen. Wann sie entstanden ist und über wie viele Jahrhunderte hinweg sie von Generation zu Generation weitererzählt wurde, weiß man nicht.

Helmut Bode erzählt die Geschichte in seinem »Frankfurter Sagenschatz« neu. Da war dieser Winkelsee ein »freier Wildpretschütz« in den Frankfurter Wäldern, der schließlich dem Forsthüter in die Falle ging. In anderen Versionen heißt es gar, er habe einen Wildhüter erschossen. In allen Geschichten wurde er gefangen und in den Eschenheimer Turm gebracht, direkt unter die knarrende Wetterfahne. Wie es sich gehört, verliebte sich ein Mädchen in ihn. In den meisten Versionen ist es die Enkelin des Turmwächters, blond, blauäugig, ein richtiges herziges Kind. In einem Buch hessischer Sagen aber heißt es: »Da war eine Schwarze, die ihn mehr als alle anderen zu fesseln vermochte, und die es ihm nicht vergessen konnte, daß sie schließlich von ihm verlassen worden war.« In der Fassung von August Verleger heißt es nur, daß man ihm verkündet habe, er werde nach neun Tagen »mit des Seilers Tochter Hochzeit feiern«. Das heißt, er werde gehenkt.

Der Fortgang der Geschichte ähnelt sich dann in allen Fassungen: Nach neun Tagen wurde der Wilddieb ins Freie geführt. Der Galgen stand bereit. Doch hatte Winkelsee den letzten Wunsch geäußert, mit neun Kugeln eine »9« in die Wetterfahne schießen zu dürfen. Wenn ihm dies gelinge, so sagten die Herren vom Rat, werde ihm das Leben geschenkt. In der bekanntesten Fassung war es die Liebe zur blonden Bärbel, die ihm den Mut zum Gelingen gab. Die Herren vom Rat hielten nicht nur ihr Versprechen, sondern boten dem Meisterschützen auch das Amt des Schützenmeisters an. Doch ihn zog es wieder in die Wälder. Er wurde zum Forstmeister bestellt. Und die blonde Bärbel ward die Forstmeisterin.

Anders im Hessischen Sagenbuch. Da tauchte die »Schwarze« auf und rief in die Menge, sie wolle nach altem Recht den Verurteilten vor dem Galgen bewahren, wenn er sie zur Frau nehme. Doch Winkelsee wandte sich ab und bat, lieber neun Schüsse tun zu dürfen. Nach vollbrachter Tat wurde ihm auch in dieser Fassung das Amt des Schützenhauptmanns angeboten. Doch er wählte die Freiheit und zog in die Wälder. Allein. Bei dem Autor Verleger heißt es schließlich: »Hans Winkelsee hatte zuviel Scheu vor der Stadt, wo statt der grünen Bäume Galgen aus dem Erdboden wuchsen. Er verschwand auf Nimmerwiedersehen.«

Die Frage »Wie kam der Neuner in die Wetterfahne?« stellt sich heute nicht mehr. 1874 hatte den Turm der Blitz getroffen, die Fahne schmolz dahin. Im Jahr 1859 aber hatte der Zeichner Carl Theodor Reiffenstein noch neun Löcher gezählt, die nach seiner Meinung einwandfrei »reingeschossen« worden waren. Bei der neuen Wetterfahne begnügte man sich mit sechs (eingestanzten) Löchern. Erst seit 1976 hat der Turm seinen »Neuner« wieder.

Die Mode war stärker als die Kleiderordnung

Das Bild ist voller Anmut. Es wurde im Krieg zerstört, doch sind Fotos und Reproduktionen vorhanden, von denen ein eigener Zauber ausgeht. Es war ein Wandgemälde aus dem 14. Jahrhundert am Salzhaus und zeigte ein schachspielendes Paar, zu dem sich ein Harfenspieler gesellt hatte.

Es scheint sich um Herrschaften aus der besseren Gesellschaft Frankfurts zu handeln. Die junge Dame hat ein Hündchen auf dem Schoß, das seinerseits mit dem jungen Mann kokettiert. Das Gewand der Dame ist einfach, aber auf seine Weise raffiniert. Das Mieder liegt ganz eng an, der Rock ist weit und schlägt viele Falten. Die Männer tragen einen Oberrock mit dem Kogel, wie man die Kragenkapuze nannte. In Frankfurts Innenstadt kann man heute noch Kapuzinerpatres treffen, zu deren Habit ein solcher Kogel gehört. Schach- und Harfenspieler tragen beide die Tasche vorn an einem Gürtel und spitze Schuhe.

Die Mode des 14. Jahrhunderts hatte ihren Reiz. In einer strengeren Form – deutlich als Ausgehkleidung gedacht – ist sie heute noch am Grabmal des Johann von Holzhausen und seiner Frau Gudela zum Goldstein im Dom zu erkennen. Die Dame trägt die Tracht der bürgerlichen

Das Wandbild aus dem 14. Jahrhundert am Salzhaus, das im Krieg zerstört wurde, gibt einen interessanten Eindruck von der Mode vor 500 Jahren wieder. Die Tracht der Dame mit dem enganliegenden Mieder und dem weiten Rock kommt heutigen Betrachtern gar nicht so altmodisch vor.

Oberschicht im Ausgang des 14. Jahrhunderts. Einziger Schmuck ist die kostbare Brustspange, »Fürspann« genannt. Sie durfte nach der Kleiderordnung jener Zeit nicht mehr wert sein als »ein Pfund Heller«. Der Fürspann hielt den Umhang zusammen.

Nicht die Modeschöpfer bestimmten im Mittelalter, was Frauen und Männer in der Öffentlichkeit zu tragen hatten, sondern die Behörden in den Städten, die sehr verschiedenartige Kleiderordnungen erließen. Als Begründung für die strengen Maßstäbe gab der Frankfurter Magistrat die Erhaltung von Anstand und Sitte,

Schutz der Bürgersfrau vor Hoffart und Unkeuschheit, aber auch die Bewahrung des wirtschaftlichen Wohlstandes an. Wichtig war auch, wie Jungfrauen und Dienstmägde ihrem Stand gemäß sich tragen und ausgehen sollten. Beruhigend freilich ist die Erkenntnis, daß die Kleiderordnungen des Mittelalters weitgehend wirkungslos geblieben sind.

Die Bestimmungen von 1356 lassen fast keinen Zierat mehr an den Obergewändern, Kleidern, Mänteln und Röcken zu. Gold, Silber, Perlen oder Pelzverbrämungen waren für alle verboten, gleich welchen Standes sie waren. Schnabel- oder Spitzenschuhe durften nicht getragen werden, und die Lappen an den Ärmeln durften höchstens eine Elle lang sein. Männer durften höchsten zwei Ringe tragen, Seidengewänder und verschnittene Mäntel unterlagen dem Verbot. Frauen waren Silber- und Goldspangen erlaubt, sofern sie nicht mehr als ein Pfund Heller kosteten. Gestreifte, geteilte, gestückelte und verzierte Kapuzen waren verboten. Stirnbänder durften Jungfrauen tragen; aber nur im Höchstwert von einer Mark Silbers.

Doch scheinen menschliches Geltungsbedürfnis und die Lust, sich zu schmücken, auch vor 500 und mehr Jahren stärker gewesen zu sein als der strenge Text der Kleiderordnungen. Obwohl sich deren Urheber auch auf die Wahrung der Tradition und nationaler Eigenarten beriefen, trugen die Frauen ungewohnte Haartrachten,

Kopftücher und Hutverzierungen. Auffällig lange Lappen an den Ärmeln, engere Kleider und tiefere Dekolletés wurden trotz Verbots auf den Straßen gesehen. Bei den Männern störten nackte Hälse, zu kurze Obergewänder und lange Röcke das moralische Empfinden.

Bei vergleichender Betrachtung von Bildern aus dem 14. und 15. Jahrhundert ist deutlich zu erkennen, daß auch damals die Mode im steten Wandel begriffen war. Vielleicht veränderte sie sich nicht so rasant wie in unseren Tagen, doch der Wunsch, sich zu schmücken und schön zu sein, war gewiß ebenso stark und ließ sich von strengen Verordnungen nicht bändigen.

Nur für Hausarme ist der Almosenkasten da

Gebt den hußarmen umb Gottes willen In gemeinen Kasten 1531« steht auf der Opferstocktafel geschrieben, die in Sachsenhausens Dreikönigskirche erhalten ist. Es ist eine Erinnerung an den »Allgemeinen Almosenkasten«, der offiziell am 15. März 1531 eröffnet wurde. Ihn gibt es heute noch. Fünf Mitglieder der Stadtverordnetenversammlung beaufsichtigen ihn, traditionsgemäß ist der jeweilige Sozialdezernent der Senior der Stiftung.

Der eigentliche Stifter dieses Almosenkastens lebte hundert Jahre vor dessen offizieller Vorstellung. Am 18. September 1428 spendete der Patrizier Johann Wiesebeder die damals sehr hohe Summe von 3200 Gulden und verkündete dazu dies: »Ich, Johann Wiesebeder von Idstein, Meister in den sieben freien Künsten, bewährter Lehrer in der Arzneikunde, erkläre und tue kund öffentlich mit diesem Briefe, daß ich wohlvorbedacht und im guten Vertrauen, das ich zu den ersamen, weisen Bürgermeistern, Schöffen und Rat zu Frankfurt habe, ihnen zu einem ewigen Almosen übergeben und anvertraut habe besiegelte Briefe lautend auf 132 Gulden jährlicher Zinserträge, abzulösen mit einer Gesamtsumme von 3200 Gulden …

Diese Zinserträge sollen Bürgermeister, Schöf-

Ausgabe der Almosen durch die Kastenherren und den Schreiber des Allgemeinen Almosenkastens. Das Ölbild, das inzwischen verschollen ist, entstand um das Jahr 1535.

fen und Rat zu Frankfurt, so ich von Todes wegen abgegangen bin – womit Gott mit seiner Gnade lange warten wolle –, jährlich erheben, ausgeben und verteilen wie hernach geschrieben steht. So sollen sie jährlich verteilen an Geld oder an Werten wie Korn, Kleider, Schuhen oder was ihnen gutdünkt, unter die hernach beschriebenen Personenkreise: Personen, die heimlichen Hauskummer leiden und doch ihre Tage mit Ehren zugebracht haben, / item Hausarme, die sich von ihrer redlichen Arbeit ernähren und doch nicht zu Rande kommen können, / item Leute, die sich von ihrer redlichen Arbeit zu Zeiten genährt haben und es nun nicht wegen Krankheit oder Alters vermögen, / item fromme Hausarme, die überladen sind mit Kindern, die sie nicht zu ernähren vermögen, / item hausarme Kindbetterinnen und hausarme schwangere Frauen.«

Dem Bürgermeister, den Schöffen und Ratsherren gewährte der Stifter zu einem jährlichen Umtrunk mit Malvasier oder dergleichen zwei Gulden. Als Hausarme wurden Menschen bezeichnet, die in Frankfurt ihren Wohnsitz hatten. Fremde Bettler blieben grundsätzlich von den Almosen ausgeschlossen. Durch reichliche Zuwendungen anderer Patrizierfamilien – die Holzhausens beteiligten sich mit Land und Grundstücken – wuchs das Grundkapital beträchtlich. In der Nikolaikirche auf dem Römerberg wurden die Almosen ausgegeben.

Als sich die Reformation in Frankfurt durchsetzte, kamen geistliche Stiftungen hinzu. Barfüßer und Franziskaner übergaben dem Rat ihre Güter und sonstigen Vermögen gegen eine lebenslängliche Rente, die Besitzungen der Beginen, wie die Frauen genannt wurden, die im weltlichen Stand verblieben, aber nach geistlichen Regeln lebten, kamen in städtischen Besitz, der Gutleuthof und dazu alle weltlichen Stiftungen. Zusammen mit »Almosen St. Nikolai« wurde der ganze Besitz dem »Gemeynen Kasten« einverleibt. Der allgemeine Almosenkasten hatte seine solide Basis.

Am 15. März 1981 feierte die Stadt das 450jährige Bestehen des Almosenkastens. Er war 1883 endgültig in städtische Obhut übergegangen. Die Verwaltung ist dem Liegenschaftsamt übertragen, weil ein Teil des Stiftungsvermögens aus Grundstücken besteht. Ein Immobiliengeschäft brachte schließlich auch einigen Ärger. Im Jahr 1990 hieß es gar, es sei kein Geld für die weihnachtlichen Zuwendungen an bedürftige Bürger mehr im »Kasten«.

Aber das ist eine andere Geschichte.

Patrizier hatten 500 Jahre lang das Sagen

Im 13. Jahrhundert schon bildete sich in Frankfurt eine Führungsschicht, die in den Annalen der Stadt zunächst als »Geschlechter« bezeichnet wird. Ämter und Würden, vor allem aber die beachtlichen Vermögen vererbten sich von den Vätern auf die Söhne, geheiratet wurde nur innerhalb des entsprechenden Standes und Vermögens. Die bevorzugte Stellung beruhte auf Grundbesitz und Privatvermögen, das sich die Mitglieder vor allem im Groß- und Fernhandel erworben hatten. Sie hatten ihre Verdienste, als es darum ging, das Schultheißenamt zu erwerben und damit der Stadt Frankfurt den Status der Unabhängigkeit zu bescheren, hatten Beziehungen zu Kaisern und Fürsten, die zum Teil ihre Schuldner waren. Im Laufe des 13. und 14. Jahrhunderts setzte sich die Bezeichnung »Patrizier« durch. Sie hatten 500 Jahre lang das Sagen in der Stadt.

»Patrizier« wurden im alten Rom die Angehörigen des Stadtadels genannt, ein »Patriziat« gab es schon im 5. Jahrhundert vor Christus. Auch sie waren reiche Grundbesitzer, hatten besondere Rechte und großen politischen Einfluß. Aus ihren Reihen kamen die führenden Beamten, und im römischen Senat saßen lange Zeit ausschließlich Patrizier. In einer Kölner Chronik heißt es, Kai-

Im Hausbuch des reichen und angesehenen Hauses Melem sind die Mitglieder der Familie dargestellt. Hier Ursula von Melem mit ihren beiden Ehemännern Walter von Schwarzenberg und Bernhard Rohrbach. Das Bild entstand um 1535.

ser Trajan habe im Jahr 99 nach Christus 15 Geschlechter aus Rom in die rheinische Stadt verpflanzt. Beweisen läßt es sich nicht.

Die Patrizier der Städte waren Kaufleute, ihre Kunden lebten an Höfen, Bischofssitzen und in Städten. Mit dem Fernhandel knüpften sie internationale Beziehungen, brachten die Kunde von Kultur und Luxus des Morgenlandes in die Städte des 12. und 13. Jahrhunderts und weckten damit in Europa bisher unbekannte Bedürfnisse. Die Patrizier waren nicht nur eine wirtschaftliche, sondern auch eine politische und schließlich geistige Macht.

Die Mächtigen der Stadt, die eifersüchtig darüber wachten, daß ihnen niemand in die Karten schauen konnte, gerieten gelegentlich in Schwierigkeiten. Die Niederlage von Kronberg 1389 führte zur Stagnation im Wirtschaftsleben, zu deutlichen Rückläufen, Konkursen, Arbeitslosigkeit und Armut. Vorübergehend gab es einen »Rat der 63«, dem 20 Personen aus der Bürgerschaft angehörten. Von 1408 an waren die Patrizier wieder unter sich.

Um diese Zeit kamen die »Stubengesellschaften« auf. Patrizier trafen sich in Trinkstuben – wie übrigens die Zünfte auch. Im Kreise Gleichgesinnter und Gleichgestellter trank man seinen Schoppen. Die Patriziergesellschaften erwarben schließlich eigene Häuser, bildeten geschlossene Gesellschaften, zu denen Fremde höchstens als seltene Gäste zugelassen waren. »Bei einem herzhaften Umtrunk«, so heißt es in einem Bericht, »lösen sich gar leicht die Zungen und die vom Ärger mit den Zünften erhitzten Gemüter nahmen gewiß kein Blatt vor den Mund ...« In den Trinkstuben blieb man unter sich.

Die Gesellschaften, die sich schließlich zum Teil als Ganerbschaften mit gemeinschaftlichem und unteilbarem Besitz noch enger zusammenschlossen, hießen zum Löwenstein, zum Römer, zum Frauenstein, Laderam, Güldene Schmiede und Alten-Limpurg, in deren Annalen so illustre Namen wie Holzhausen, Glauburg, Fürstenberger, Weiß, Stalburg, Stralenberg und Marburg verzeichnet sind. Im 16. Jahrhundert zogen sich immer mehr Familien vom Großhandel zurück. Man lebte vom Kapital, seinen Erträgnissen und von den Landgütern, die Söhne studierten auf deutschen und italienischen Universitäten die Rechte, übernahmen Verwaltungsaufgaben in der Vaterstadt oder dienten an Fürstenhöfen. Der aufwendige Lebensstil war Ausdruck der besonderen Stellung.

Im Jahr 1612 kam es zu Unruhen unter den Bürgern, die sich beschwerten, daß ihre Privilegien seit hundert Jahren nicht mehr, wie vorgeschrieben, verlesen wurden. Kaiser Mathias warf den Bürgern »liederliches Verhalten« vor. Dennoch wurde eine kaiserliche Prüfungskommission gebildet, die schließlich den Abschluß eines Bürgervertrages veranlaßte. Den Rebellierenden reichte die Neuordnung einer Frankfurter Verfassung nicht. Es kam zum folgenschweren »Fettmilch-Aufstand«.

Im Jahr 1743 verteilte Kaiser Karl VII., der Wittelsbacher, der bis zu seinem Tod 1745 im Palais des Patriziers Barckhausen auf der Zeil residierte, großzügig Adelstitel an Frankfurts Führungsschicht. Der gesamte Rat durfte im Namen die Bezeichnung »edel und ehrsam« führen. Auch Goethes Vater wurde Kaiserlicher Rat. Mit dem Ende des Heiligen Römischen Reiches Deutscher Nation und der Gründung des Großherzogtums Frankfurt unter Napoleons Herrschaft im Jahr 1806 verloren auch die Patrizier ihre Vorrechte in der Stadt. Die Adelstitel durften sie behalten.

Enea Silvio Piccolomini – gekrönter Dichter und Papst

Wurde in Frankfurt ein Papst gekrönt? Wie man es nimmt. Friedrich III. von Österreich, zwei Jahre vorher zum deutschen König gewählt, konnte im Jahr 1442 wahrscheinlich nicht ahnen, daß jener junge Mann, dem er während eines Reichstags den Lorbeerkranz – die Krone für den Dichter – aufs Haupt setzte, 16 Jahre später als Pius II. den päpstlichen Thron besteigen würde.

Frankfurt war ein bevorzugter Ort des Habsburgers Friedrich, der im Jahr 1452 in Rom zum Kaiser gekrönt wurde. Zwar hatte er nach der Königswahl elf Wochen gezögert, bevor er bereit war, Amt und Würde zu übernehmen, dann aber regierte er 53 Jahre lang. In Frankfurt aber mußte der Rat Hunderte von Söldnern zusätzlich anwerben, die während der vielen Kurfürsten- und Reichstage in den Mauern der Stadt für Ordnung sorgen mußten. Auf dem Reichstag im Jahr 1442 verkündete Friedrich III. den »Frankfurter Reichslandfrieden«, fand aber auch Zeit, den damaligen Protonotar der Reichskanzlei, Enea Silvio Piccolomini, zum Dichter zu krönen.

Der weitgereiste Diplomat, der aus einer vornehmen Familie in Siena stammte, hat bei weitem nicht so viel über Frankfurt geschrieben wie etwa über Basel, Wien oder Straßburg. In seinem

Kaiser Friedrich III. krönte auf dem Reichstag zu Frankfurt im Jahr 1442 den späteren Papst Enea Silvio Piccolomini mit einem Lorbeerkranz zum Dichter. Später hielt der Maler Pinturicchio in Siena diese feierliche Szene im Bilde fest.

Werk »Asiae europaeque elegantissima descriptio« kommt die Stadt nur mit wenigen Zeilen vor, in den »Commentarii rerum memorabilium« äußert er sich etwas ausführlicher: »Frankfurt, an dem Maine gelegen, ist durch häufige Messen und durch die Kaiserwahl berühmt. Hier nämlich kommen, wenn der Thron des Reiches erledigt ist, die deutschen Kurfürsten zusammen und wählen, im Rathhause eingeschlossen, den Kaiser. Die Kirchen, die der Gottheit geweiht sind, sind hier sehr prächtig und die Häuser der Bürger ansehnlich, obgleich sie zum großen Teil aus Lehm bestehen. Sie alle sind bedeckt mit einem sehr dünnen Schiefer von der Farbe des Bleies, der bei uns ›abbacus‹ heißt. Kleine Stücke sind so zusammengesetzt, daß sie wie Fischschuppen angeordnet erscheinen und im Sonnenschein einen wunderschönen Glanz erhalten. Der Main, der sich aus den nahen Bergen Böhmens ergießt, strömt nach Westen, indem er Würzburg und viele andere fränkische Städte durchläuft. Bei Frankfurt wird er von einer steinernen Brücke überspannt, von ihren 14 Bögen ist einer – aus Furcht vor der jenseits liegenden Stadt – unterbrochen und wird nur in Friedenszeiten mit Balken überdeckt. Der Fluß ist sehr reich an Fischen und Aalen. Jeden Tag fährt ein Schiff, das 300 Menschen faßt und von Pferden gezogen wird, von Mainz nach Frankfurt: so groß ist die Menge, die zu befördern ist.«

Im Jahr 1458 wurde dieser Piccolomini zum

Papst gewählt. In einer Papstgeschichte aus dem Jahr 1933 vermuten die Autoren Seppelt und Löffler, daß er bei der Wahl des Namens Pius (der Fromme) nach Humanistenart an »pius Aeneas« des Vergil gedacht habe. Er sei der typische Vertreter der Renaissancezeit gewesen: »Ausgezeichnet mit den glänzendsten Geistesgaben, hat er als bunter und geistvoller Schriftsteller, als Geschichtsschreiber und Geograph, als Humanist mit großem Interessenkreis umfassende Leistungen aufzuweisen. Der Wechsel seiner kirchlichen Stellung ging parallel mit einer Änderung der Lebenshaltung. Während er jahrelang ein sittlich leichtfertiges Leben geführt hatte, dessen er sich gelegentlich sogar mit kecker Trivialität gerühmt hatte, und während in dieser Zeit auch seine Schriftstellerei erotischen Einschlag hatte, ist auch in dieser Hinsicht ein Wandel bei ihm eingetreten. Fortan ist seine Lebensführung durchaus einwandfrei gewesen.«

Einmal noch taucht der Name des Papstes Pius II. in den Frankfurter Annalen auf: Als Kaiser Friedrich nach wiederholten Aufforderungen den Befehl erteilte, daß die Juden in ein eigenes Getto am Fischerfeld ziehen müßten, was 1462 geschah, erteilte der Papst seine Billigung. Er habe, so hieß es, die Frankfurter Verhältnisse aus eigener Anschauung gekannt.

Die Tage der Buchmesse: ein Frankfurter Athen

Die Frankfurter Buchgasse, nahe dem Mainufer inmitten des alten Messezentrums gelegen, war schon bald nach der Erfindung der Buchdruckerkunst im Jahr 1440 der Mittelpunkt nicht nur des Handels mit der neuen Ware Buch, sondern auch Straße der Drucker und Verleger. In den Meßgewölben diskutierten die Gelehrten, war stets lebhafter Geschäftsverkehr. In einer lateinischen Lobschrift auf die Frankfurter Messe schrieb der gelehrte französische Buchdrucker Henri Estienne: »Man tut vielleicht gut, die dem literarischen Verkehr gewidmete Straße, die Buchhändler und Buchdrucker innehaben, geradezu als das Frankfurter Athen zu bezeichnen; denn wahrhaftig, wer sich dort von einem solchen Kranze so zahlreicher und so gelehrter Schriftsteller umgeben sieht, der kann wirklich nicht anders als glauben, er sei in Athen, wo einst die Verehrer der Musen in langer Wanderschaft zusammenkamen, um den Verkehr mit den Philosophen und ihren Gesellen zu genießen.«

Johannes Gensfleisch, genannt Gutenberg, der in Mainz den Druck mit beweglichen Lettern erfunden hatte, war auf mancherlei Weise mit Frankfurt verbunden. Im Jahr 1454 nahm er bei seiner Nichte, der Frau des Patriziers Henne

Die Buchgasse hinter der Leonhardskirche wurde in jedem Jahr zu den Messen ein geistiger Mittelpunkt wie einst Athen.

Humbracht, Quartier. Er lag in einem Rechtsstreit mit seinem Geldgeber, dem Mainzer Goldschmied Hans Fust. Die ersten von ihm gegossenen Typen lagen in seiner Mainzer Werkstatt. In Frankfurt druckte er mit einer kleineren Type Ablaßbriefe in großer Auflage, deren Erlös für die Finanzierung eines Kreuzzuges gegen die Türken dienen sollte. Auf dem Frankfurter Markt erschien auch der »Türkenkalender für das Jahr 1455«, die erste gedruckte politische Flugschrift.

Ein paar Jahre später war die Frankfurter Buchmesse schon in vollem Gange. 1480 reihten sich die Stände der Verleger und Buchhändler aneinander, bald mußten die Buchdrucker aus Mainz, Straßburg, Köln und Nürnberg hohe Standmieten entrichten. Schon fünf Jahre später versuchte der Mainzer Erzbischof, den Frankfurter Rat zur Bücherzensur zu bestimmen. Was ihm nicht gelang.

Ein erstes gedrucktes Verlagsverzeichnis gab der Mainzer Buchdrucker Peter Schöffer im Jahr 1470 heraus. Mit Beginn des 16. Jahrhunderts war Frankfurt der zentrale Platz des Buchhandels. Bis zum Jahr 1500 sind, so schätzt man, bereits 35 000 Verlagswerke erschienen. Die Zahl der gedruckten Exemplare soll schon zwölf Millionen erreicht haben. Neben den wertvollen Drucken erschienen unzählige Streitschriften und Disputationen auf dem Frankfurter Markt. Adam Rieses Rechenbuch »Rechnung auf der Linien« war der Bestseller seiner Zeit. Die Volksbücher von Doktor Faustus, den Schildbürgern und Till Eulenspiegel, der ja einmal auf der Frankfurter Messe gewesen sein soll, standen ihm kaum nach.

Albrecht Dürers Ehefrau kam nach Frankfurt, um hier Holzschnitte und Kupferstiche ihres Mannes zu verkaufen. In den ersten Jahren machte sich auch die Mutter des Malers auf die beschwerliche Reise. Die Frauen waren vor Überfällen auf den Landstraßen nicht sicher. Der Raubritter Kunz Schott erbeutete einmal einen ganzen Ballen Dürerscher Kunstblätter, mit denen er freilich nichts anfangen konnte.

Doch am Ende blieb die Zensur nicht aus. Im Jahr 1567 erschien bei dem Frankfurter Drucker Hans Schmidt ein Schmähgedicht auf den Kaiser Maximilian II. Der Drucker wurde auf Geheiß des Herrschers mit Ketten an einen Wagen geschmiedet und so nach Wien gebracht. 1579 ernannte Maximilian einen Buchkommissar für die Frankfurter Messe, der dort das Amt der Pressepolizei auszuüben hatte. Der Niedergang der damaligen Buchmesse war vorgezeichnet.

Das wüste Treiben des Balthasar vom Rhein

Zu Beginn des 16. Jahrhunderts lebte in Frankfurt ein Mann – Patrizier seiner Herkunft und Heirat nach – den man schlicht als »Wüstling« bezeichnen kann. Sein Treiben ist nicht unbedingt ein Beispiel für Frankfurter Lebensart, doch mag er als typische Erscheinung einer Zeit gelten, in der die »heile Welt« des Mittelalters aus den Fugen geriet.

Der Historiker Wolfram Heitzenröder, der sich in einem ausführlichen Bericht im Band 61 der Schriftenreihe »Archiv für Frankfurts Geschichte und Kunst« mit dem Leben und Treiben des Balthasar vom Rhein befaßt, steckt seine Absicht deutlich ab: »Ein Name, den man sich nicht merken muß und dessen Träger nach dem Geschmack der Historiographie auch keinen Anspruch auf die Überlieferung seiner Person erhoffen dürfte. Doch erkennt der Forscher hier eine Lebensform, die auf ihre Weise typisch ist für die unruhigen Jahre an der Schwelle zur Neuzeit.« Aufschlußreich ist vor allem das seltsame Verhalten des Rates und der Behörden bis hin zum Kaiser im »Fall Balthasar vom Rhein«.

Am 29. Januar 1488 wurde Balthasar vom Rhein geboren. Sein Vater war ein angesehenes Mitglied des Rates, seine Mutter Agnes eine geborene Heller. Der Onkel war Jacob Heller, einer

Ein Ehemann züchtigt seine Frau. Szenen dieser Art erschienen im späten Mittelalter so selbstverständlich, daß sie in Bilderchroniken festgehalten wurden. Der Holzschnitt entstand im Jahr 1456.

der reichsten und einflußreichsten Bürger der Stadt. Balthasar sollte wie zwei seiner Brüder die geistliche Laufbahn einschlagen, doch er zog das freie Leben vor. Es verschlug ihn nach Portugal, wo er am Hofe des Königs Manuel lebte. Um

1510 kehrte er nach Frankfurt zurück. Sogleich ging der Streit mit dem Bruder Bechtold um das Erbe des Vaters los. Sie gingen mit Degen aufeinander los. Balthasar wurde am Arm verletzt.

Der Rat der Stadt sah sich genötigt, den Brüdern die Degen abzunehmen und sie den Bürgereid schwören zu lassen, in dem ja redliches Verhalten gelobt wurde. Ein paar Wochen später gingen die Brüder wieder mit den Degen aufeinander los. Bechtold wurde verwundet. Diesmal sah es schlimmer aus für Balthasar, er hatte den beschworenen Frieden gebrochen. Er flüchtete nach Mainz. Der Fürsprache seines Onkels Jacob Heller war es schließlich zu danken, daß er zurückkehren durfte und nach ein paar Tagen Haft ein freier Mann war.

Balthasar vom Rhein widmete sich nun dem Ordnen seiner verschiedenen Besitztümer und Erbschaften, eine Tätigkeit, die einen Patrizier voll in Anspruch nehmen konnte. Gelegentlich geriet er mit Leuten in Streit. Einen Standesgenossen, der ihn als »Hühnerdieb« und »Taugenichts« bezeichnet hatte, wollte er mit dem Messer umbringen. Das alles aber hinderte die vornehme Patriziergesellschaft Alten-Limpurg nicht, ihn 1512 als Mitglied aufzunehmen. Seine Hochzeit mit Katharina, der Tochter Friedrich Fauts von Monsberg, wurde standesgemäß gefeiert.

Das Ehepaar lebte zunächst im Haus des Schwiegervaters. Am 24. September 1514 mußte der Rat der Stadt zu einer außerordentlichen Sitzung zusammentreten, weil Balthasar fürchterlich gewütet hatte. Er hatte nicht nur seine Frau verprügelt, sondern auch den Schwiegervater »derart in den Hals gehauen, daß sein Ableben befürchtet werden mußte«. Zwar überlebte Friedrich Faut, aber Balthasar flüchtete ins Barfüßerkloster, wo er in Sicherheit war. Schließlich ließ man ihn nach Mainz entlaufen. Für eine Geldstrafe von 500 Gulden, so hieß es beim Rat, könne er in die Stadt zurückkehren. Die Strafe war ihm zu hoch, die Beschwerde ging bis zum Kaiser Maximilian.

Im Junghof fand dann das Ehepaar mit dem einzigen Kind Katharina eine feste Bleibe. Zank und Haß herrschten im Hause, Ehefrau Katharina war das Opfer der Wutausbrüche. Im Mittelalter war die brutale Züchtigung der Ehefrau eine durchaus übliche Form des Zusammenlebens. Balthasar vom Rhein setzte sie nach altem Brauch fort. Als er aber beobachtet worden war, verschwand er wieder einmal nach Mainz. Er kündigte seine Bürgerschaft in Frankfurt auf, erschien aber am 31. Juli 1519 plötzlich im Junghof bei seiner Frau. Er schickte das Personal weg, füllte einen großen Kessel mit Wasser und brachte dieses zum Sieden. Dann versuchte er, seine bis aufs Hemd entkleidete Frau in den Kessel zu stoßen. Ein Dachdecker, der heftig an der Türglocke läutete, rettete die Frau.

Im Rat setzte sich die Meinung durch, daß Balthasar vom Rhein nicht ganz richtig im Kopfe sei. Was wiederum eine Verurteilung ausschloß. Die Trennung von der gefährdeten Frau wurde vollzogen, Erbstreitigkeiten und Affären gingen weiter. Im Jahr 1523 wurde er auch aus der Gesellschaft Alten-Limpurg nach einem Tanzabend zu Fastnacht ausgeschlossen: »... seiner onzüchtigen werck und wort halben, die er onverschämmpter weiss vor frommen und züchtigen frauwen und Jungfrauwen öffentlich getrieben und ausgestossen hat ...«

Nach einer Menge weiterer Querelen zog sich Balthasar vom Rhein nach Oggersheim in der Pfalz zurück, wo er am 7. Februar 1535 starb.

Die »Römerberg-Festspiele« dauerten vier Tage

Im Jahr 1498«, so berichtet die Chronik von Frankfurt, »wurden nach dem Pfingstfest vor dem Römer Passionsspiele abgehalten, an denen 280 Personen mitwirkten. Pfarrer Balthasar von Obereschersheim stellte die Person Christi dar.« Es ist nicht die erste Nachricht von »Römerberg-Festspielen« im späten Mittelalter, der große Aufwand ließ wohl die Chronisten das Ereignis bemerkenswert erscheinen. Daß die Darstellung der Person Jesu Christi einem Geistlichen vorbehalten war, entsprach den Gepflogenheiten der Zeit. Auch Gottvater, der gelegentlich auftrat, wurde stets von einem Pfarrer gespielt. Im Jahr 1498 zogen sich die Schauspiele auf dem Römerberg über vier Tage hin. Die Versuchung von Abrahams Sohn wurde da gespielt, die Geschichte der Susanna, des Lazarus und des Verlorenen Sohnes, als Höhepunkt schließlich die Passion. Zu Beginn wurde der den Erlöser darstellende Geistliche als Gefangener der Juden durch die Stadt geführt, am Kreuz ließ man ihn fast zwei Stunden hängen.

Schauspiele dieser Art waren nicht sehr häufig in der Stadt. Meist fanden sie zur Fastenzeit statt und hatten den Sinn, das Geschehen um Tod und Erlösung dem Volke, das ja keine Bibel lesen konnte, näherzubringen. Einstudiert wurden die

Allegorien waren beliebte Motive bei Theateraufführungen und in der bildenden Kunst. Der Holzschnitt zeigt links einen Engel und rechts die Unzucht mit dem Spiegel, dazwischen Symbole außerirdischer Mächte.

Spiele von Geistlichen, aufgeführt wurden sie von den jungen Menschen, die in den Stiftsschulen die Heilige Schrift studierten. Die Schüler sollten im Reden geübt werden, dem Volk sollten die Spiele zu moralischer Bekehrung dienen und ihr religiöses Bewußtsein stärken. Doch war auch der Unterhaltungswert nicht zu unterschätzen.

Mimische Szenen, die der öffentlichen Lustbarkeit dienten, waren oft in das ernste Geschehen eingestreut, selbst heitere Texte fehlten nicht. Es gab Einlagen von Spaßmachern, ganz abgesehen von der Musik, die zu jedem Spiel gehörte. Witz und Satire hatten ihren Platz. Die Mischung weltlicher und geistlicher Ideen entsprach durchaus der Mentalität des einfachen Volkes im späten Mittelalter. Die Vorstellungen fanden meist auf dem Römerberg, gelegentlich auch auf dem Liebfrauenberg oder in Sachsenhausen bei Sankt Wendelin statt. Auf dem Platz wurde ein hohes Gerüst aufgeschlagen, zu dem der Rat das Holz lieferte. Kulissen gab es keine, aber grüne Bäume wurden aufgestellt und Teppiche ausgebreitet. Als Ölberg und andere Erhebungen standen Fässer auf der Bühne. Großer Wert wurde auf viele und bunte Kostüme gelegt. Es entsprach dem Behagen der Menschen an Verkleidung und Mummenschanz. Der Dialog war deutsch, manchmal unterbrochen von lateinischen Gesängen.

Im Jahr 1469 wurde das Spiel vom Antichrist gegeben. Der Rat sah sich zu besonderen Vorsichtsmaßregeln zum Schutz der Juden veranlaßt. Auch dies ein Beweis, welchen tiefen Eindruck die Spiele beim Volk hinterließen. Ein Jahr früher war ein Stück vom Jüngsten Gericht aufgeführt worden. Im Jahr 1492 spielte man außer der Passion die Geschichte von den weisen und den törichten Jungfrauen. Die Aufführung war auf dem Liebfrauenberg. Die Geistlichen des Liebfrauenstiftes hatten das Spiel mit ihren Schülern einstudiert.

Auch mit dem Einzug der Reformation in Frankfurt hörten die Spiele aus christlichen Themen nicht auf. Im Jahr 1545 ließ Matthias Ritter, ein deutscher Schulmeister und Leiter einer protestantischen Privatschule, von seinen Zöglingen die Geschichte der Susanna aufführen. Schließlich wagten sich auch die Handwerker an die Kunst des Theaterspielens heran. An Fastnacht 1549 führten die Buchdrucker ein Spiel von den zehn Lebensaltern auf, im gleichen Jahr spielten die Schuhmacher in Verbindung mit dem Schwertertanz die Geschichte vom Verlorenen Sohn.

Spielleute waren immer dabei. Die meisten kamen von außerhalb, gehörten zum fahrenden Volk. Zahlreiche Stücke endeten mit einem Lied. Die Zuschauer sangen aus vollem Halse mit.

Der »letzte Ritter« war stets ein gerngesehener Gast

Als sich im Jahr 1477 Herzog Maximilian, den man den »jung Weißkunig« nannte, auf Brautfahrt zu Maria von Burgund befand, kam er per Schiff über Frankfurt, wo ihm zwölf Abgesandte der Stadt unter Führung des Schöffen Arnold von Holzhausen beigesellt wurden. Das Geleit erschien den Frankfurtern für eine so wichtige und reiche Heirat notwendig. Die zwölf Gefolgsmannen mußten sich in Köln herrliches schwarzes Tuch kaufen, »um sich dem Herzog gleich zu kleiden«. Neun Jahre später einigten sich die Kurfürsten in Frankfurt darauf, daß sie noch zu Lebzeiten des Kaisers Friedrich III. seinen Sohn Maximilian zum Deutschen König wählen wollten. Der Rat der Stadt hatte Bedenken. Die »Goldene Bulle« lasse so etwas nicht zu. Daraufhin hob Kaiser Friedrich den betreffenden Artikel des Gesetzeswerkes kurzerhand auf. Und so wurde denn am 16. Februar 1486 der Habsburger Maximilian zum Deutschen König gewählt. Sein Vater war bei der Wahl anwesend, was auch den Vorschriften der Goldenen Bulle widersprach.

Ein Frankfurter Augenzeuge berichtete über den denkwürdigen Tag, als die kaiserlichen, königlichen und kurfürstlichen Trompeter auf dem Lettner des Domes nicht aufeinander eingespielt

Maximilian I. ist der einzige Herrscher, der im Kaisersaal des Frankfurter Römers in Ritterrüstung dargestellt ist. Alfred Rethel schuf das Bildnis vom »Letzten Ritter«.

waren und unharmonische Dissonanzen geblasen haben: »Ich stunt darby und war halb dommelicht worden, dann esz lutet vast wunderlych durcheynander.« Es mag wie ein Symbol gewesen sein für das Leben eines Mannes, der eine wesentliche Erscheinung zum Ende des Mittelalters und einer beginnenden Neuzeit war.

Man nannte ihn den »letzten Ritter«. Auf dem Gemälde von Alfred Rethel im Kaisersaal des Frankfurter Römers trägt Maximilian I., Deutscher König von 1493 bis 1519, eine glänzende Ritterrüstung. »Erwählter Römischer Kaiser« war er von 1508 an, zum Kaiser gekrönt wurde er nicht. Lothar Saczek schrieb in der Frankfurter Neuen Presse zum 450. Todestag des Kaisers am 11. Januar 1969: »Maximilian ist ein Mensch und Herrscher an der Zeiten Wende. Zwiespältig ist diese Übergangsepoche vom Mittelalter zur Neuzeit. Die ritterlich-höfische Kultur siecht langsam dahin, die neue Zeit der Renaissance bricht sich Bahn. Auch in der Persönlichkeit des Habsburgers ringen beide Lebensformen im politischen Handeln und im Lebenswerk.«

Der Kontakt zwischen Kaiser Maximilian und der Stadt Frankfurt ist nie abgebrochen. Bereits im Jahr 1489 war in der Stadt ein Reichstag angesagt, dem Kaiser Friedrich III. und sein Sohn, der gewählte König Maximilian, vorstanden. Beide kamen mit dem Schiff, auf dem Reichstag sollte über die Besetzung des zu gründenden Reichskammergerichts verhandelt werden. Der junge König nahm auf dem Römerberg an der Feier der Johannisnacht teil, schaute den Edelleuten beim Johannisreigen zu und steckte nach Einbruch der Dunkelheit selbst das Feuer an.

Große Ereignisse erlebte die Stadt während des Reichstags. Zum erstenmal kam ein moskowitischer Gesandter in deutsche Lande. Maximilian empfing ihn im Römer. Als Geschenk des Großfürsten Iwan Wassiljewitsch übergab der Gesandte dem König kostbares Pelzwerk. Man verständigte sich in lombardischer Sprache. Am Tag der heiligen Maria Magdalena im Jahr 1489 befand sich Maximilian noch in Frankfurt. Er nahm mit seinem Hofstaat an der Prozession zur Erinnerung an die große Überschwemmung von 1342 teil. Mit brennenden Kerzen und unter Glockengeläut zog man durch die Stadt.

Als im Jahr 1495 das Reichskammergericht zu Frankfurt eröffnet wurde, war Maximilian seit zwei Jahren Alleinherrscher. Am Sonntag nach Mariae Geburt war die Eröffnung im Weißfrauen-Bruderkloster. Der König selbst saß zu Gericht, nahm den Eid der Richter und Beisitzer ab. Sie waren zur Hälfte von Adel, zur anderen Hälfte Doktoren der Jurisprudenz. Das Reichskammergericht wurde 1527 nach Speyer, 1693 nach Wetzlar verlegt. Der königliche Gast aber wurde während seines Aufenthalts in Frankfurt oben auf dem Pfarrturm vom Rat festlich bewirtet.

Eine Erinnerung an den »letzten Ritter« blieb

den Frankfurtern im Gedächtnis: Maximilian hatte den Patrizier Ambrosius von Glauburg bei einem Turnier zum Kampfe herausgefordert. Der Glauburger hob den König aus dem Sattel. Er tat aber, als sei er gezwungen worden und glitt selbst zur Erde nieder, wo er vor dem Herrscher kniete. Dieser aber winkte dem Fräulein von Günderrode zu, Ambrosius von Glauburg den Siegerkranz zu überreichen.

Anfang des Jahres 1519 starb Kaiser Maximilian I. Der Rat zu Frankfurt verbot alle Fastnachtsveranstaltungen: »Diese Fastnacht soll in dieser Stadt keiner öffentlich auf der Gasse bei Tag und bei Nacht mit Buckeln gehen.«

Sachsenhausen und die Sachsenhäuser: Ritter, Gärtner, Bauern und Fischer

Gegen Frankfurt liegt ein Ding über, heißt Sachsenhausen.« In Goethes »Götz von Berlichingen« trifft Schalksnarr Liebetraut am Bamberger Bischofshof bei dem Frankfurter Ratsherrn Olearius einen empfindlichen Nerv. Die Familie – zu deutsch Ohlenschlager – stammte aus Sachsenhausen, hatte ihren Namen von der Ölmühle im Ölmühlgäßchen. Wäre der Ratsherr schlagfertig gewesen, hätte er dem Schalksnarren ein »Jeder Sachsenhäuser is en Frankforter, aber noch lang net jeder Frankforter en Sachsenhäuser!« entgegenschleudern können.

Die Frage aber, wo die Sachsenhäuser ursprünglich herstammen und wie sie zu ihrem Namen kommen, ist – wie die Frühgeschichte der Stadt Frankfurt – ein Geheimnis geblieben. Frankfurter waren sie jedenfalls schon, als die Alte Brücke an der Furt im Main in der Mitte des 12. Jahrhunderts gebaut wurde. Im gleichen Jahrhundert wurde Sachsenhausen zum erstenmal urkundlich erwähnt. Das war 1193, als Ritter Cuno von Münzenberg den Sachsenhäusern ein Spital mit Kirche und Wohnhaus stiftete. Sein Sohn Ulrich gab es dann an Kaiser Friedrich II. weiter, dieser überließ es dem Deutsch-

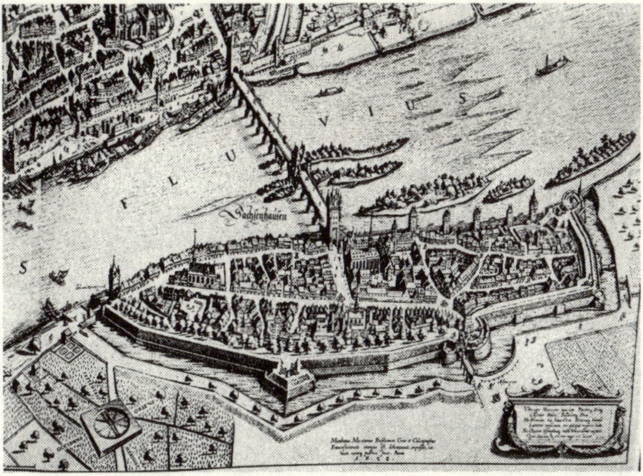

Sachsenhausen auf dem Plan der Stadt Frankfurt von Matthäus Merian aus dem Jahr 1628.

herren-Orden, dessen Wirken bis heute zur Sachsenhäuser Tradition gehört.

Über die Entstehung von Sachsenhausen gibt es die verschiedensten Sagen und Geschichten. Am einfachsten wäre die Erklärung, Kaiser Karl sei tatsächlich mit seinem Herrn über den Fluß geflohen, nachdem die weiße Hirschkuh ihm den Weg gezeigt habe, die verfolgenden Sachsen aber seien auf der anderen Seite geblieben und hätten ein Kastell gebaut. Es gibt die Theorie, Karl der Große habe eine Gruppe umgesiedelter Sachsen hierhergebracht. Sie läßt sich nicht beweisen. Wahrscheinlich war der Ort schon in merowingischer Zeit von Sachsen besiedelt.

Frühe Berichte lassen darauf schließen, daß

auf der anderen Seite des Mains größere Anwesen standen, die zum königlichen Besitz gehörten. Die »Reichsministerialen«, die im Dienste des Königs »des ryches saal« – heute Saalhof genannt – hüteten, siedelten sich hier an. In einer Chronik heißt es: »... es seye Sachsenhausen erbauet worden von den Edelleuten und Graffen, die da haben gewohnet im Rittergarten und haben die Edelleut Sachsen geheißen, wie es darnach erbauet worden, hat es den Namen bekommen Sachsenhausen.« Die Neigung vornehmer Leute, sich im angenehmen Stadtteil südlich des Mains anzusiedeln, war schon damals deutlich zu erkennen.

Sachsenhausen ist dank des Deutschordenshauses an der Alten Brücke über Jahrhunderte hinweg ein Ort der Ritter, doch innerhalb seiner Mauern entwickelte sich ein eigenes Leben, das in seinen Formen und Darstellungen weitab von Frankfurt zu liegen schien. Sachsenhausen ist bis ins 19. Jahrhundert hinein ein Dorf geblieben. Seine Einwohner waren Gärtner und Landwirte, Weingärtner auch, Fischer und Gerber. Sie lebten abseits von der Reichsstadt, doch kamen täglich über die Alte Brücke die »Hockinnen«, wie man die Gemüsefrauen nannte, die ihre Ware vornehmlich auf dem Teil des Römerbergs anboten, den man »Samstagberg« nannte.

Das Deutschordenshaus blieb inmitten des dörflichen Lebens eine Welt für sich. Spital und Kirche waren der Kern der Stiftung. Die Kreuzzüge hatten viele Opfer gefordert. Kranke und Verwundete mußten gepflegt werden. Die Fürsten, voran der Herzog von Schwaben, stifteten einen Orden, der sich der Opfer annehmen sollte. Kaiser Heinrich VI. und später Papst Cölestin III. bestätigten den Orden, dessen Mitglieder sich »Brüder des Deutschen Hauses unserer Lieben Frau zu Jerusalem« nannten. Seine Geschichte spiegelt die Ereignisse mehrerer Jahrhunderte wider: Reichtum, Glanz, Reformation und Niedergang. 1809 löste Napoleon den Orden auf, 1958 wurde das Haus vom neugegründeten Deutschen Orden wieder erworben.

Das Asylrecht, das dem Deutschherrenhaus zustand, bereitete dem Rat der Stadt Frankfurt manchen Verdruß. Der Engländer Fynes Moryson, der 1591 Deutschland durchwanderte, wußte dies zu berichten: »In Sachsenhausen steht ein Haus, dem Deutschen Orden gehörig, das nach altem Herkommen eine Freistätte für Bankrottierer und Totschläger ist, wenn es nicht gar vorsätzliche und heimliche Mörder sind. Aber sie genießen dieses Vorrecht nur für 14 Tage, wenn also die Zeit nahezu vorbei ist oder bei einer günstigen Gelegenheit stehlen sie sich hinaus und kehren nach einer Stunde zurück. Dann beginnen die 14 Tage von neuem zu laufen. Kurz vor meiner Ankunft hatte sich ein Bankrottierer aus Köln wegen einer Schuld von 20000 Gulden dorthin geflüchtet.«

Über die Sachsenhäuser in ihrer ganzen Urwüchsigkeit wußten viele Reisende zu berichten. Ein fürstlich-brandenburgischer Hofrat mit Namen Andreas Meyer zeigte sich auf seiner Reise 1771 entsetzt: »Da diese Vorstadt teils von Schiffern, teils von Gärtnern, Taglöhnern und anderen Leuten von diesem Schlage bewohnt wird, so können Sie sich leicht vorstellen, von welcher Beschaffenheit die Lebensart dieser Leute sein muß. Ja, sie weichen sogar von den ersten Grundregeln der Höflichkeit so sehr ab, daß man im ganzen Oberrheinischen Kreise denjenigen, der in einer groben und bäurischen Aufführung eine Art von Ehre sucht, zu fragen pflegt, ob er etwa ein Sachsenhäuser wäre.« Das gleiche, aber anders, sieht der Lübecker Eduard Beurmann in seinen »Frankfurter Bildern« von 1835: »Die Sachsenhäuser sind natur-gemütlich. Sie meinen nicht nur, die Gedanken sind zollfrei, sondern auch die Worte, und wie sie denken, so sprechen sie: offen und frei.«

Dürer, das Geld und die Vorliebe für Frankfurt

Kunstverständige Menschen, die im 16. Jahrhundert die Stadt Frankfurt besuchten, versäumten nie, in ihren Aufzeichnungen das Altarbild in der Kirche der Dominikaner zu preisen. Albrecht Dürer, nach dem schon zu seinen Lebzeiten eine ganze Kunstepoche genannt wurde, hat es gemalt. Der Rechtsgelehrte Paul Hentzner, Verfasser des »Itinerarium Germaniae, Galliae, Angliae, Italiae«, der 1596 und 1599 Frankfurt besuchte, verlegte zwar versehentlich das Kunstwerk ins Karmeliterkloster, das seinerseits durch die Fresken des Jerg Ratgeb berühmt geworden war, war aber voller Bewunderung: »Dieses Gotteshaus ist durch ein hervorragendes Gemälde berühmt geworden, das die Himmelfahrt der Jungfrau Maria darstellt und von der unsterblichen Hand des großen Albrecht Dürer mit höchster Kunst gemalt ist. Von den besten Malern wird es häufig voll Bewunderung betrachtet.« Der Stifter des Kunstwerks war Jacob Heller.

Die Hellers gehörten zu den reichsten Familien in der Stadt. Vater Bechthold Heller, Schöffe und zeitweilig Älterer Bürgermeister, betrieb einen florierenden Tuchhandel. Es gibt ein Bildnis, auf dem er mit seiner ganzen Familie zu sehen ist. Bechthold und seine Ehefrau Katharina Blum

Bildnis des Frankfurter Kaufherrn Jakob Heller. Gemalt von Albrecht Dürer für den Altar des heiligen Thomas in der Dominikanerkirche.

hatten gemeinsam zwölf Söhne und sieben Töchter. Jacob war der älteste. Die meisten seiner Geschwister starben sehr jung. Pestwellen und andere Seuchen wüteten um die Wende zum 16. Jahrhundert in der Stadt. Auch die reichsten Patrizier fürchteten den Tod, bangten um ihr Seelenheil.

Der bedeutendste Künstler seiner Zeit, Maler des Kaisers Maximilian I., erschien dem reichen Frankfurter Kaufherrn und ehrenwerten Mitglied des Rates der Stadt gerade gut genug, ein frommes Gemälde zu schaffen. Jacob Heller reiste selbst nach Nürnberg, handelte mit Albrecht Dürer einen Preis von 130 Gulden aus. Doch dabei blieb es nicht.

Am 24. August 1508 schrieb Albrecht Dürer an den »lieben Herrn Jacob Heller«: »Man hat mir auch 300 Gulden hier zu Nürnberg darum geben wollen, dieselben 100 fl. (Abkürzung für Gulden) hätten mir auch wohlgetan, wenn ich die Tafel euch nicht zu Gefallen und Dienst geschickt hätte, denn eure Freundschaft zu behalten, achte ich höher als 100 fl. Ich habe auch lieber diese Tafel zu Frankfurt, denn an keinem anderen Ort in ganz Deutschland.«

Man einigte sich auf 200 Gulden. Damals wurde, um ein Beispiel zu nennen, das Sechstagewerk eines Mannes am Dombau mit einem Gulden bezahlt. Dürer wußte aber auch seine eigene Arbeit gebührend zu loben. Zur »Tafel« schrieb er: »Und ich sage Euch, daß man sie gleichsam mit Gewalt von mir hat haben wollen, denn ich habe sie mit großem Fleiß gemalt, wie Ihr sehen werdet, ist auch mit den besten Farben gemacht, wie ich sie habe mögen bekommen. Sie ist mit gutem Ultramarin unter-, über- und aufgemalt, etwa fünf- oder sechsmal, und da sie schon ausgemacht war, habe ich sie danach noch zweifach übermalt, auf daß sie lange Zeit währe.«

Der Maler versicherte, daß die Tafel 500 Jahre

frisch bleiben werde, wenn man sie sauberhalte, sie nicht berühre und kein Weihwasser darauf werfe. Leider waren dem vielgerühmten Gemälde nur rund 220 Jahre Lebensdauer vergönnt. Die Dominikaner verkauften es 1614 an Herzog Maximilian von Bayern. Bei einem Brand wurde es 1729 in München vernichtet. Das Historische Museum in Frankfurt besitzt eine Kopie von Jobst Harnisch aus dem Jahr 1614.

Als Albrecht Dürer auf seiner Reise in die Niederlande im Jahr 1520 in Frankfurt Rast machte, wohnte er in der Herberge des »Nürnberger Hofes«, der Jacob Heller gehörte. Seine Aufzeichnungen zeigen deutlich, wie sorgfältig er mit seinem Geld umzugehen wußte. Hier der Wortlaut: »Darnach kamen wir gen Franckfurth und zeiget aber mein zollbrieff, da ließ man mich fahren, und ich verzehret 6 Weißpfennig und anderthalben Heller und den buben gabe ich 2 Weißpfennig und nachts verzehret 6 Weißpfennig. Auch schenket mir Herr Jacob Heller den Wein in die herberg. Und ich hab mich verdiengt mit meinem guth, von Franckfurth gen Menz zu fahren, umb 1 fl. und zween Weißpfennig. Mehr hab ich dem Buben geben 5 Franckfurther Heller, so haben wir nachts verzehret VIII Weißpfennig.«

Der Großkaufmann und Patrizier Jacob Heller starb im Jahr 1522. Die Ehe mit Katharina Melem war kinderlos geblieben. Neben anderen Stiftungen hinterließ er 1200 Gulden für eine

Wärmestube, in der sich im Winter das arme Volk aufhalten durfte. Als Gegenleistung wurde ein Gebet für das Seelenheil des Stifters und seiner Frau erwartet.

Diplomatie zwischen Reformation und Kaisertreue

Am 14. April 1521 machte Martin Luther auf der Reise zum Reichstag nach Worms Station in Frankfurt. Die Witwe Gilbrechts von Holzhausen schickte ihm zum Empfang Südfrüchte und Malvasier. Auf der Rückreise übernachtete er in der Herberge »Zum Strauß« auf dem Kornmarkt und wußte nachher zu berichten, daß ihm »daselbst viel von etlichen seiner Gönner Ehre geschehe«.

Ein Jahr vorher hatten die Ratsherren im Hause »Zum Goldstein« am Kornmarkt eine Lateinschule gegründet, die von den römisch-katholischen Stiftsschulen St. Bartholomäus, St. Leonhard und Liebfrauen unbeeinflußt sein sollte. Historiker bezeichnen diese Gründung als einen ersten Schritt zur Reformation in Frankfurt.

In der Stadt gärte es. Deutlich war ein wirtschaftlicher Niedergang zu erkennen. Der Zorn der armen Leute und der Zünfte richtete sich mehr und mehr gegen die Geistlichkeit. Im Lauf der Jahrhunderte war sie durch fromme Stiftungen in den Besitz eines beträchtlichen Vermögens gekommen. Die Stiftsherren legten es in Hausbesitz an. Das Zinsgebaren hatte zur Folge, daß sich keine Käufer mehr fanden. Hunderte von Häusern standen leer. Daneben gab es die nackte

Justinian, der Sohn des Hamman von Holzhausen, wurde, wie sein Vater, trotz der lutherischen Haltung von Kaiser Karl V. in »seine und des Reiches besondere Gnade« aufgenommen. Das Gemälde des Konrad Faber aus dem Jahr 1536 zeigt ihn mit seiner Ehefrau Anna Fürstenberg und einem kleinen Sohn.

Armut. Erste Stimmen wurden laut, in denen soziale und wirtschaftliche Forderungen mit dem Verlangen nach der Verkündigung des Gotteswort verbunden waren.

Am Sonntag Invocavit, das war der 9. März des Jahres 1522, hielt Hartmann Ibach, ein ehemaliger Barfüßermönch, die erste evangelische Predigt in der Katharinenkirche. Sein Zorn richtete sich gegen die Geistlichkeit. Er verurteilte die Heiligenverehrung, den Reichtum und die Sittenlosigkeit des Klerus. Und er empfahl seinen

Zuhörern, die Zinsen und Zehnten nicht den Priestern und Mönchen, sondern den Armen zu geben. Die Predigtreihe wurde in der Woche fortgesetzt, doch am Sonntag darauf blieb die Kanzel leer. Der Rat mußte dem Drängen des Bischöflichen Ordinariats in Mainz auf Einstellung der Predigten nachgeben.

Hamman von Holzhausen war der Pfleger des Katharinenklosters gewesen, der in der Kirche den Raum für diese erste evangelische Predigt freigegeben hatte. Er war der bedeutendste Vertreter des Patriziergeschlechtes, das Frankfurts Stadtpolitik über Jahrhunderte hinweg begleitete. Seit 1336 versahen Familienmitglieder 66mal das Bürgermeisteramt. Hamman von Holzhausen, der von 1467 bis 1536 lebte, wird vom Historiker Wolfgang Klötzer als der »größte Frankfurter Staatsmann der Neuzeit« eingeschätzt. Er verstand es, die Stadt durch die Wirren der Reformation zu führen und zugleich die reichsstädtische Politik bei Hofe und auf den Reichstagen mit großer Umsicht zu führen. So konnte es geschehen, daß der katholische Kaiser Karl V. Hamman von Holzhausen und seinen Sohn Justinian trotz ihrer lutherischen Haltung »in seine und des Reiches besondere Gnade« aufnahm.

Doch die weiteren Impulse zur Reformation, die zeitweilig fast gefährliche Formen annahmen, kamen aus dem Volk. 1523 klagte die Gemeinde von Bornheim über die seelsorgerische

Vernachlässigung des Dorfes und verweigerte dem Bartholomäusstift den Zehnten. In Sachsenhausen kam es zu Handgreiflichkeiten. Die Bürger wollten ihren Pfarrer selbst wählen. Die an die Dreikönigskirche gesandten Kapläne wurden regelrecht aus der Kirche »herausgeprügelt«. Am 17. April 1525 versammelten sich Gärtner aus der Neustadt und Sachsenhausen auf dem Peterskirchhof. Sie drangen in den Fronhof und das Predigerkloster ein und plünderten den Weinkeller. Ihr Motto: »Die Mönche haben lange genug mit uns gegessen, wir wollen jetzt mit ihnen essen.« Hamman von Holzhausen kam hinzu und beruhigte die Leute.

Der Aufruhr der Zünfte, der an diesem Ostermontag begann, richtete sich nicht nur gegen die Geistlichkeit, sondern auch gegen den Rat. In 46 Artikeln brachten Handwerker und unzufriedene Bürger ihre Klagen vor. Sie verlangten nicht nur freie Pfarrerwahl und Abschaffung des Zölibats, sondern auch Beseitigung von Mißbräuchen in der Stadtverwaltung und Justiz. Die Forderungen wurden zwar beachtet, doch in dieser Form nicht verwirklicht.

Auf dem Augsburger Reichstag im Jahr 1530 ging die Stadt Frankfurt offen zum Protestantismus über. 1533 wurde auf Drängen der Zünfte und gegen diplomatische Bedenken der Patrizier der katholische Gottesdienst in der Stadt eingestellt. Zwei Jahre später wurde er in Stiften und Klöstern wieder eingeführt. Die Gefahr kaiserlicher Acht war zu groß. 1548 wurde auch der Dom wieder katholisch. Als der Rat der Stadt sich an Martin Luther und Melanchthon wandte mit der Frage, wie man sich verhalten solle, ließ der Reformator wissen: »Ich habe die Hoffnung meines Evangeliums nicht auf euer Frankfurt gesetzt.«

Die Goethes gingen in Frankfurt nicht zur Schule

Johann Caspar Goethe, Sohn des Gasthalters »Zum Weidenhof« in Frankfurt, Dr. jur. und im Jahr 1742 von Kaiser Karl VII. zum Wirklichen Kaiserlichen Rat ernannt, besuchte in seiner Jugend das »Casimirianum« in Coburg, ein in deutschen Landen berühmtes lutherisches Gymnasium. Sein Sohn Johann Wolfgang wurde, bevor auch er Jura studierte, von Hauslehrern unterrichtet. Im 18. Jahrhundert hat Frankfurts »Gymnasium Moeno-Francofurtanum« wohl keinen sonderlich guten Ruf gehabt. Im Jahr 1519 war es, im Zuge der beginnenden Reformation, gegründet worden. Wilhelm Nesen, Schüler und Freund des Erasmus von Rotterdam, war der erste Rektor.

Im Mittelalter war das Schulwesen der Stadt fest in kirchlicher Hand. Im 13. Jahrhundert ist schon die Stiftsschule St. Bartholomäus nachweisbar, es folgten St. Leonhard und Liebfrauen. Im Jahr 1482 zählten sie zusammen 318 Schüler. Diese Lateinschulen lehrten die Sieben Freien Künste: Grammatik, Rhetorik, Dialektik, Arithmetik, Geometrie, Musik und Astronomie. Ursprünglich sollten die Schulen auf den geistlichen Stand vorbereiten, waren dann aber auch für Knaben zugänglich, die sich einem Universitätsstudium widmen wollten.

Georg Philipp Teleman (1681–1767) war von 1712 bis 1721 Städtischer Kapellmeister in Frankfurt. Er erteilte auch den Musikunterricht am Gymnasium »Moeno-Francofurtanum«.

Bis zur Gründung dieser Schule hatte sich der Rat der Stadt mit Schulfragen nicht befaßt. Doch gab es schon vorher private »Kinderlehrer« oder »deutsche Schulmeister«, die den Sprößlingen einer bürgerlichen Mittelschicht die elementaren Kenntnisse des Lesens, Schreibens und

Rechnens beibrachten. Das Bildungsniveau der bürgerlichen Schichten war bis ins späte Mittelalter bescheiden, doch läßt sich nachweisen, daß die meisten Handwerker mindestens ihren Namen geläufig schreiben konnten und mit Zahlen umzugehen verstanden. Auch Mädchen erhielten Privatunterricht, zum Teil von Lehrfrauen. Ein großer Teil der Einwohner Frankfurts blieb freilich ohne jegliche Schulbildung.

Im Gegensatz zu den Reichsstädten Nürnberg und Straßburg war Frankfurt ohne Universität geblieben. Das lutherische Gießen lag nicht weit, dort war die »Hausuniversität« der Frankfurter. Die Lateinschule im ehemaligen Barfüßerkloster, das 1525 in städtischen Besitz überging, war über mehr als zwei Jahrhunderte hinweg die einzige Möglichkeit in Frankfurt, sich auf das Universitätsstudium vorzubereiten. Mit dem Humanisten Jakob Micyllus als Schulleiter gewann das Institut noch einmal an Attraktivität, sank dann aber wieder ins Mittelmaß zurück. Das Renommee der Schule nahm im 18. Jahrhundert keineswegs zu, die Schülerzahl nahm ständig ab. 1531 war auch eine »Deutsche Schule« eröffnet worden, Initiator war ein Schuhmacher.

Im Jahr 1712 gewann die Musikpflege in der Lateinschule, die ansonsten an den starren Überlieferungen festhielt und deren Lehrkörper meist überaltert war, neue Impulse durch Georg Philipp Telemann, der im Hauptberuf Kapellmeister an der Barfüßerkirche – der evangelischen

Hauptkirche – war und durch sein kompositorisches Schaffen großen Ruhm erwarb. 1721 aber verließ er Frankfurt, um in Hamburg Musikdirektor an den fünf Hauptkirchen zu werden.

Die neue Schulordnung von 1765 blieb in den eingefahrenen Bahnen der klassischen Bildung. Nicht einmal Französisch, das alle Welt sprach, wurde in den Lehrplan aufgenommen. Erst seit 1787 wurde Geometrie gelehrt. Die Schule der kleinen katholischen Minderheit erschien dagegen »moderner«. Eine eigene Abteilung für Mädchenerziehung war vorhanden. Eine Realschule wurde eingerichtet, in der nicht nur Französisch, sondern auch die »Realien« wie Erdkunde, kaufmännisches Rechnen, Briefstil und anderes vermittelt wurden.

Im Jahr 1716 gab es in Frankfurt 24, in Sachsenhausen vier Quartierschulen, 1724 unterrichteten im ganzen 32, von 1728 an nur noch 24 Schulmeister. Wer vom Rat zugelassen sein wollte, mußte vor der Aufsichtsbehörde, dem lutherischen Konsistorium, eine Prüfung im Katechismus, im Lesen, Schreiben und Rechnen bestehen. Um Vor- und Fortbildung der Volksschullehrer kümmerte sich niemand. Die regierende Schicht hatte kein Interesse an den Bildungsbedürfnissen des Kleinbürgertums und der ärmeren Klasse.

Erst im 19. Jahrhundert begannen die Schulreformen; es wurden moderne Systeme der Lehranstalten erarbeitet, die zum Teil heute noch Gültigkeit haben.

Die Gnade des Kaisers kostete eine runde Million Gulden

Niederschreiben will ich die Wunder, die der Heilige – gelobt sei er – an uns im Jahre 312 getan: Im Jahr 312 (das war nach christlicher Rechnung 1552) begannen der Herzog Moritz und der Markgraf sich gegen Kaiser Karl – der Herr erhöhe seinen Glanz – zu empören ...« So beginnen die Aufzeichnungen eines nicht genannten Frankfurter Juden in hebräischer Handschrift über die Belagerung der Stadt Frankfurt im Jahr 1552, die von den Truppen Kaiser Karls V. verteidigt wurde. Nach 22 Kampftagen zogen die protestantischen Fürsten ab.

In der Handschrift, die in der Stadtbibliothek von Amsterdam aufbewahrt wird, heißt es: »Frankfurt war aber so stark befestigt worden, daß die Fürsten die Stadt nicht einnehmen konnten und ihr auch nur geringen Schaden zufügten, obgleich sie Pfeile und Geschosse und Steine vom Umfang eines Simmer hineinschleuderten. Der Markgraf hatte sein Lager in Sachsenhausen, der Herzog Moritz an der Bockenheimer Pforte aufgeschlagen, jeder von ihnen hatte 30000 Mann bei sich. Sie schossen nur nach der Gasse, ohne den geringsten Erfolg zu erzielen. Die Gasse war weit geöffnet Tag und Nacht. In ihr gingen und ritten während der ganzen Nacht

Ausschnitt aus Konrad Faber von Kreuznachs Darstellung der Belagerung Frankfurts im Jahr 1552. Hier der Ansturm von Westen her.

die Landsknechte, vergriffen sich aber weder an einem Mann noch an einer Frau, einem Jüngling oder einer Jungfrau, einem Kind oder einem Greise ...« Der Mann aus der Judengasse wunderte sich, daß den Bewohnern kein Leid geschah.

Als das »denkwürdigste kriegerische Ereignis, das die Stadt je erlebt hat« bezeichnete der Historiker Friedrich Bothe 1913 in seiner Stadtgeschichte die Belagerung von 1552. Tatsächlich kamen die Bürger und die Stadt selbst einigermaßen glimpflich davon, aber das ganze Geschehen, das in der Folge des sogenannten Schmalkaldischen Krieges zu sehen ist, kam die Stadt teuer zu stehen.

So heißt es in der Stadtchronik über das Jahr 1536: »Die Stadt Frankfurt faßt den folgenschweren Entschluß, dem Schmalkaldischen Bund beizutreten.« Es handelte sich um ein Bündnis zwischen einigen deutschen Fürsten und lutherisch gewordenen Städten zur Verteidigung des evangelischen Glaubens gegenüber der Politik des Kaisers Karl V. Der jährliche Beitrag für den Bund betrug 3000 Gulden, an außerordentlichen Beiträgen bezahlte Frankfurt 1536, 1542 und 1545 je 6000 Gulden, 1546 18 000 Goldgulden. Und so ging dies weiter.

Im Jahr 1546 war bereits der Schmalkaldische Krieg zugange. 200 Bürger legten zur Verteidigung den Harnisch an und mußten schwören, daß sie sich des Fluchens, Saufens, Zankens und der Unzucht enthalten wollten. Der geheime Schatz der Stadt Frankfurt mußte zum erstenmal angezapft werden, die Bürger opferten Silbergerät. Im gleichen Jahr noch zog der kaiserliche Feldherr Graf von Büren in Frankfurt ein. Die Stadt bot – auf Anraten der Advokaten – die bedingungslose Übergabe an. 16000 Mann – das waren mehr als die Stadt Einwohner hatte – bezogen Quartier. Maximilian von Büren nahm im Namen des Kaisers den Huldigungseid an. Und einen Pokal, gefüllt mit 1000 Goldgulden.

Und so entschloß sich der Rat von Frankfurt, sich wieder dem Kaiser zu unterwerfen und ihn zu bitten, ihnen das Bündnis mit Friedrich von Sachsen und Philipp von Hessen zu verzeihen. Frankfurt mußte ein Strafgeld von 80000 Gulden hinterlegen. Außerdem mußte der Rat dem Kaiser 104926 Gulden als Sold für die Truppen bezahlen. Dafür zogen die Kaiserlichen aus Frankfurt ab. Für den Bau der Stadtbefestigungen wurden von 1550 bis 1577 insgesamt 383500 Gulden ausgegeben. Mit der Rückzahlung nahm es Karl V. nicht so genau. Er warte auf Geldsendungen aus Lissabon, sagte er. Als aber Klaus Bromm als Unterhändler dem Zahlmeister Don Garcio Portillo ein schönes Reitpferd schenkte, flossen auch die Gelder.

Zur eigentlichen Belagerung Frankfurts kam es, als der kaiserliche Obrist Konrad von Hanstein mit seinen Truppen Einlaß begehrte. Er suchte Schutz vor den weit überlegenen Heeren der evangelischen Fürsten. Die Stadt nahm ihn mit seinen Söldnern auf. Am 20. Juli 1552 streiften die ersten feindlichen Reiter um Frankfurt herum, schließlich rückten 30000 Mann, 17000 Reiter mit 24 Mörsern und 55 Geschützen vor die Stadt. Nach 22 Tagen zog der größere Teil wieder ab. Doch die Frankfurter bezahlten weiter. Der Kaiser sei noch immer ungnädig wegen der Teilnahme Frankfurts am Schmalkaldischen Krieg, erfuhr der Rat von der Hofkammer. Die Zahlung von 6000 Gulden stimmte ihn gnädiger. Zunächst wollte er deren 15000.

Und die Schuldenlast wuchs weiter. In den Jahren 1546 bis 1554 hatte die Stadt insgesamt 330000 Gulden aufnehmen müssen. Der Versuch, mit Aktien Geld zu bekommen, schlug fehl. Der Ratsherr Klaus Bromm nämlich hatte die Stadt veranlaßt, mit geliehenem Geld für 150000 Gulden Aktien des Kupferbergbaus des Grafen von Mansfeld zu kaufen. Die Spekulation schlug fehl, das Geld war weg. Im Rechnungsjahr 1575/76 schließlich hatte die Stadt Frankfurt eine Million Gulden an Schulden und mußte jährlich 44600 Gulden Zinsen zahlen.

Die Stadt hatte um diese Zeit etwa 12000 Einwohner. Die meisten von ihnen konnten nicht mehr als 20 Gulden als eigenen Besitz aufweisen. Ein großer Teil hatte nichts.

»Ein gebratner Ochs zerrissen wird«

Kamele waren mit kostbaren Geschenken beladen, Reiter mit bunten Turbanen zogen in die Stadt, orientalische Pracht breitete sich aus. Der Zeichner Jost Amman schuf den Holzschnitt vom Einzug der Gesandtschaft des türkischen Sultans Soliman zur Krönung Kaiser Maximilians II. in Frankfurt im Jahr 1562. Es war die festliche Bestätigung einer großen Neuigkeit: In Frankfurt wurde zum erstenmal ein Kaiser gekrönt. In den folgenden 230 Jahren erlebte die Stadt neun weitere Krönungen.

Dabei sah es in den Tagen der Reformation so aus, als wollten die katholischen Herrscherhäuser sogar die Königswahlen von der Stadt am Main abziehen. Seit 1356 war die von Kaiser Karl IV. erlassene »Goldene Bulle« unverrückbares Reichsgrundgesetz. Sie war die feierliche Bestätigung, daß Frankfurt Wahlstadt des Reiches sei. Im Jahr 1531 jedoch veranlaßte Kaiser Karl V., daß sein Bruder Ferdinand noch zu seinen, des Bruders, Lebzeiten gewählt werden solle, und zwar in Köln. Die Frankfurter sandten, um an ihr verbrieftes Recht zu erinnern, Speisen und Geräte, doch die Kölner warfen alles zum Fenster hinaus. Im Jahr 1558 schließlich, als Karl V. abgedankt hatte, zog Ferdinand I. zur Nachho-

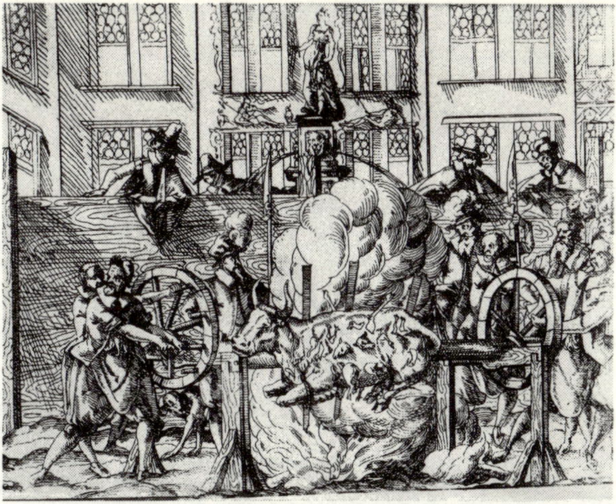

Vor dem Gerechtigkeitsbrunnen wurde ein mit Getier gefüllter Festochse von vier Metzgern gedreht. Der zeitgenössische Stich zeigt die Ochsenküche zur Krönung Kaiser Maximilians II. im Jahr 1562.

lung der Wahl in Frankfurt ein. Mit großem Gefolge natürlich, zu dem allein 2000 Pferde gehörten. Er bat die Frankfurter sogleich um eine Anleihe von 30 000 Gulden, 10 000 bezahlte die Stadt.

Am 30. September 1562 wurde Maximilian II. gewählt und anschließend zum Kaiser gekrönt. Ein Zufall war der Anlaß dieser Verlegung von Aachen nach Frankfurt. Der Kölner Erzbischof, der die Krönung in Aachen hätte vornehmen sollen, war plötzlich gestorben. Auch die Beschwerlichkeit der Reise nach Aachen veranlaßte die

Kurfürsten, die Krönung gleich in Frankfurt anzusetzen. Die Aachener protestierten, doch Frankfurt blieb Wahl- und Krönungsstadt.

Die protestantischen Frankfurter hatten mit den Wahl- und Krönungsritualen in der Bartholomäuskirche, die schließlich ob ihrer neuen Bedeutung »Dom« genannt wurde, wenig im Sinn, um so heftiger feierten sie das große Fest unter freiem Himmel auf dem Römerberg. Der Krönungszug vom Dom zum Römer hatte seine feste Ordnung, die sich über Jahrhunderte hin nicht änderte. Die Prozession führte über eine hölzerne Brücke, die mit rotem Tuch belegt war. Voraus schritten Hofgesinde, Adlige, Räte, Trompeter und Pauker, Grafen und Fürsten, Könige, Ehrenholden, die Kurfürsten und schließlich der Kaiser. Die wichtigste Person aber war der Berittene, der die Krönungsmünzen aus Gold und Silber unter das Volk warf.

War der Festzug im Römer verschwunden, begann auch schon das Volksfest auf dem Alten Markt und dem Römerberg. Bretter und Tuch, über die der Kaiser geschritten war, waren im Nu zerkleinert und in Fetzen zerrissen. Jeder wollte eine solche Reliquie nach Hause tragen. Die Inhaber der Erzämter übten in aller Öffentlichkeit ihre Dienste aus. Der Kurfürst von Sachsen als Erzmarschall entnahm dem bereitliegenden Haferhaufen ein Gefäß voller Körner, der Kurfürst von Brandenburg als Erzkämmerer holte Wasser zum Händewaschen für den Kaiser, der Kurfürst von der Pfalz als Erztruchseß ließ sich ein Stück vom riesigen, mit allerlei Getier gespickten Ochsen abschneiden, der von Böhmen schließlich hatte den roten und weißen Wein vom Brunnen zu holen.

Kaum waren der Hafer, der Ochse und der Wein für das Volk freigegeben, hob ein großes Rennen ab. Der riesige Ochse, von den Metzgern zunächst verteidigt, wurde von der Menge in so kleine Stücke zerfetzt, daß kaum einer etwas davon hatte. Am Weinbrunnen war oft ein so großes Gedränge, daß der edle Tropfen fast völlig verschüttet wurde. Zur gleichen Zeit wurde im Römer das Festbankett zelebriert. Es war so steif und feierlich, daß auch hier die Anwesenden zu keinem rechten Genuß kamen.

Zur Wahl und Krönung des Kaisers Mathias im Jahr 1612 hatte der Künstler Johann Theodor de Bry eine Folge von 14 Bildern geschaffen, die wichtige Szenen des Krönungstages festhielten. In deutschen und lateinischen Versen hat er die Darstellungen kommentiert. Da heißt es: »Ein gebratner Ochs zerrissen wird, / und samt der Küchen hinweggeführt, / ein Brunn gibt weisen und rothen Wein, / viel Haber trägt ein jeder heim.« Am Abend gab es ein Feuerwerk, zu dem eigens ein Wasserschloß auf einem Floß im Main gebaut worden war. De Bry berichtete: »Ein gros Castel künstlich geziert, / zu Frankfurt angezündet wird, / bey Nacht, ihr Majestät zu ehrn, / das Krachen man fast weit konnt hörn.«

Johann Wolfgang von Goethe hat in seinem Erinnerungsbuch »Dichtung und Wahrheit« eine detailgetreue Schilderung der Krönung Josephs II. im Jahr 1764, die er als 15jähriger miterlebte, geschrieben. Im 18. Jahrhundert gab es freilich auch schon kritische Stimmen. Karl Heinrich Ritter von Lang, Öttingen-wallersteinischer Hilfssekretär, berichtete 1790: »Nichts konnte ein treueres Bild der eiskalt erstarrten und kindisch gewordenen alten Reichsverfassung geben als das Fastnachtsspiel einer Kaiserkrönung.« Heinrich Heine nannte die Zeremonien »Firlefanz und niedrigsten Plunder«. Kaiserin Maria Theresia soll in Gelächter ausgebrochen sein, als sie ihren Mann, Franz I., im Ornat als »Gespenst Karls des Großen« sah.

Als Franz II. am 6. August 1806 die Krone niederlegte, war auch für Frankfurt der Glanz kaiserlicher Zeiten zu Ende.

Das grausame Ende des Rebellen Vinzenz Fettmilch

Erstlich hat man ein hohes Gerüst gemacht auf dem Roßmarkt mitten auf dem Platz«, beschreibt der Maler Peter Müller das Geschehen am 28. Februar 1616, dessen Augenzeuge er war. »Als nun das Kriegsvolk ist in seiner Ordnung gestanden, hat man die drei erstlich aus der Kapelle herausgeführt: Vinzenz Fettmilch, Konrad Schopp und Konrad Gerngroß. Allda haben sie das Urteil angehört, wie sie sterben sollten. Erstlich Vinzenz, der soll geschleift werden. Dieser Artikel ist ihm in Gnaden nachgelassen. Danach sollen ihm die zwei Finger an seiner rechten Hand abgehauen werden, alsdann der Kopf. Danach der Körper in vier Stücke geteilt und an vier Straßen aufgehängt werden ...«

Es war wie ein Rückfall ins tiefste Mittelalter. Der Frankfurter Lebküchler Vinzenz Fettmilch und seine Getreuen hatten sich gegen den Rat der Stadt und damit gegen den Kaiser erhoben. Nach einem anfänglichen Aufbegehren und Forderungen, denen zunächst auch Gehör verschafft wurde, gingen sie dann zur offenen Rebellion über, wurden immer radikaler, schließlich verfielen sie der Reichsacht. Frankfurt war in Gefahr, daß die ganze Stadt vom Bannstrahl der Reichsacht getroffen werden und alle ihre Privilegien verlieren könnte.

Die Hinrichtung des Vinzenz Fettmilch auf dem Roßmarkt.
Ein Holzschnitt aus dem Jahr 1616.

Die unzufriedenen Bürger hatten im Juni 1612, als die Krönungsfeierlichkeiten für Kaiser Mathias vorbereitet wurden, die Gelegenheit ergriffen, sich an die Öffentlichkeit zu wenden. Ihr Hauptanliegen: Die Privilegien, die regelmäßig vom Altan der Leonhardskirche verlesen werden sollten, waren seit 100 Jahren nicht öffentlich vorgestellt worden. Unruhe kam über die Stadt. Der Kaiser verließ Frankfurt früher als vorgesehen war. Immerhin kam 1613 ein Bürgervertrag zustande, den der Kaiser bestätigte. Es war eine maßvolle Reform, die besagte, daß 18 neue Mitglieder in den Rat der Stadt aufgenommen werden und ein Neuner-Ausschuß die städtischen Finanzen kontrollieren solle.

Die Rebellen, zu deren Anführer sich Vinzenz Fettmilch gemacht hatte, gaben sich nicht zufrieden. Es kam zum offenen Aufruhr. Am 1. September 1614 stürmten die Aufständischen die Judengasse, plünderten die Häuser und jagten alle Juden aus der Stadt. Ein revolutionärer Rat wurde gebildet, Fettmilch gebärdete sich als Volkstribun. So trat er auf: »Fettmilch, im grünen Samtwams und weißen Atlasmantel, an der Seite einen wertvollen Degen, reichte am 5. September 1614 auf dem Roßmarkt als Vertreter der Bürgerschaft allen Ratsherren die Hand.« Knapp zwei Jahre später wurde er auf dem gleichen Platz auf die schrecklichste Weise hingerichtet.

Der Zeugherr Hans Martin Bauer hatte unter Lebensgefahr den Anführer des Aufruhrs Ende 1614 gefangengenommen. Der tapfere Mann wurde nicht nur Schultheiß der Stadt, sondern für seine Tat auch vom Kaiser geadelt. Fettmilch und seine Freunde aber wurden anderthalb Jahre lang von kaiserlichen Kommissaren im Aschaffenburger Schloß unter Anwendung der Folter verhört. Bis dann die Frankfurter Bürger auf dem Roßmarkt die grausame Hinrichtung erlebten. Der Maler Peter Müller berichtet:

»Zum anderen ist dem Konrad Schopp, Schneider, auch sein Urteil wie auch dem Konrad Gerngroß, Schreiner, vorgelesen worden, daß ihnen auch zwei Finger samt dem Haupt abgehauen werden sollen. Die Köpfe samt des Fettmilchs Kopf sollen oben an den Brückenturm gesteckt werden, die Leiber aber hinaus beim Gericht begraben werden.« In der Töngesgasse wurde das Haus des Vinzenz Fettmilch dem Erdboden gleichgemacht, eine »Schandsäule« wurde aufgestellt, an der auf Deutsch und Lateinisch seine Verbrechen verkündet wurden.

Der Bürgervertrag von 1613 aber blieb in Kraft. Johann Wolfgang Goethe hat die Köpfe der Hingerichteten am Brückenturm noch gesehen. Sein Kommentar: »Opfer, die einer künftigen besseren Verfassung gebracht wurden.«

Von der Vorsehung für die Masse bestimmt

Als »Markt aller Märkte«, »Messe Merkurs« und »Messe der Musen« hatte der Gelehrte Henri Estienne (Henricus Stephanus), der in Genf eine Buchdruckerei besaß, in einer lateinischen Lobschrift mit dem Titel »Francofordiense Emporium sive Francofordienses Nundinae« die Frankfurter Messe bezeichnet. Der Rat der Stadt wußte Dank dafür und schrieb an den Verfasser: »Die Lobrede auf Frankfurt als Handelsplatz, welche in dieser Messe unter Deinem Namen, überaus gelehrter Heinrich, ausgegangen ist, haben wir erhalten. Dieselbe berührte uns in jeder Weise angenehm. Es war dies um so mehr der Fall, weil sie von Dir, einem so ausgezeichneten Gelehrten, der noch dazu als Fremder vor jedem Verdacht einer Schmeichelei weit entfernt ist, geschrieben wurde.«

Die Frankfurter Messen erlebten in den 75 Jahren von 1555 bis 1630 trotz der Unruhen und dem drohenden Krieg eine Blüte, wie sie zuvor unbekannt war. Luxuswaren wurden an den Messeständen ausgebreitet, die Frankfurt zu einer Weltstadt der besonderen Art machten. Die Buchmesse hatte schon seit Mitte des 15. Jahrhunderts hier ihren festen Platz, der Seidenhandel und der Juwelenhandel hatten einen Mittelpunkt. Er war zum Teil mitgebracht worden von

Der »Pickelhering« war der Spaßmacher der englischen Komödianten, die bei jeder Frankfurter Messe auftauchten. Auf dem Kupferstich um 1640 erscheint er als vornehmer Händler und Juwelier.

den Glaubensflüchtlingen aus den Spanischen Niederlanden, die seit 1554 in die Stadt kamen. Antwerpen war von alters her der Mittelpunkt des Juwelenhandels gewesen. Nachdem die flämische Hafenstadt 1585 von den Spaniern erobert worden war, wanderte das kostbare Geschmeide nach Frankfurt.

Die gläubigen Calvinisten kamen zu Tausenden aus den Niederlanden, in denen die Spanier keine neuen Konfessionen duldeten. Im Jahr 1569 waren etwa 2000 Niederländer in der Stadt, 1595 waren es schon 4000. Sie wurden nicht gerade freundlich aufgenommen, der lutherische

Rat verbot 1594 ihren privaten reformierten Gottesdienst, die Gläubigen mußten zum Besuch der Kirche nach Bockenheim fahren. Doch die eingewanderten Händler prägten sehr bald das Bild der Messen. Ein Teil der Calvinisten wanderte freilich wieder ab.

Der Buchdrucker Estienne aber wußte vor allem die Lage Frankfurts zu preisen: »Prüfen wir nämlich die Entfernungen, die sie von manchen weiter entlegenen, zur Meßzeit jedoch sehr zahlreiche Besucher zu ihr entsendenden Städten trennen, so werden wir uns sofort von ihrer sozusagen zentralen Lage überzeugen; jedenfalls wird niemand bestreiten, daß die göttliche Vorsehung diese Stadt für die Messe vorausbestimmt und ihr den Ruhm dieser Messe durch vorherige Schicksalsbestimmung zugewiesen hat ... Nun zu den Einwohnern! Und da muß ich zunächst von der Liebenswürdigkeit der Frankfurter und besonders ihren Behörden gegenüber den Fremden sprechen. An vielen anderen Orten räumt man den Fremden das Gastrecht nur widerwillig ein, und es gibt Plätze, wo der Gast nicht einmal vor dem Gastwirt geschützt ist. Die Frankfurter aber verstehen es, nicht nur Gastwirte, sondern auch Gastfreunde zu sein.«

Die Straße zwischen Römerberg und Liebfrauenberg, heute noch »Neue Kräme« genannt, war in jenen Zeiten die Hauptachse des Messegeschehens. In der Römerhalle und dem Haus zum Goldenen Schwan hatten die Goldschmiede ihr

Quartier. Sie kamen aus Augsburg, Köln, Nürnberg und Straßburg. Durch Neubau und Umbau von Bürgerhäusern wurde die Zahl der Verkaufsgewölbe wesentlich vermehrt. Die Nikolaikirche und der Kreuzgang des ehemaligen Barfüßerklosters wurden als Warenlager gebraucht, auf dem Roßmarkt wurden Pferde aus Norddeutschland und Osteuropa feilgeboten, am Fahrtor und Leonhardstor war der Weinmarkt. Um 1600 kamen zu jeder Messe etwa 4000 bis 5000 »Meßfremde« zusammen.

Von Messeneuheiten wußte der Chronist Henri Estienne auch schon zu berichten. »Früher mußte man zum Drehen des Bratspießes einen Diener oder ein Mädchen halten, jetzt hat uns die Frankfurter Messe eine Drehscheibe beschert, die diese Arbeit ebenso sorgsam und noch wirksamer besorgt.« Und: »Von den feinsten Miniaturarbeiten des Kunsthandwerks bekommt man in Frankfurt solche zu sehen, daß einem wirklich nicht mehr wundernehmen kann, was viele Schriftsteller mit den größten Ausdrücken des Lobes von früheren Werken der Art zu rühmen wissen: einem elfenbeinernen Viergespännlein, das unter dem Flügel einer Mücke Platz fand, oder einem niedlichen Schifflein, das sich unter dem einer Biene verbergen konnte.«

Gesehen und beschrieben im Jahr 1574.

Der Krieg zog vorüber – die Pest blieb

Im Unterschied zur ländlichen Umgebung und zu manchen anderen Städten ist Frankfurt noch glimpflich durch den Dreißigjährigen Krieg gekommen«, schrieb der ehemalige Archivdirektor Hermann Meinert in seinem Büchlein »Geschichte Frankfurts«. Immerhin war aber auch die Stadt am Main Repressalien, wenn auch keinen eigentlichen kriegerischen Ereignissen, ausgesetzt. Schwedens König Gustav Adolf nahm hier 1631 Quartier, Frankfurt wurde zur schwedischen Garnison. Einquartierungen und immer neue Forderungen an Sold und Ausstattung für die Soldaten, auch Anleihen für die Kriegführung belasteten die Bevölkerung sehr. Historiker halten es für möglich, daß Gustav Adolf daran gedacht habe, sich in Frankfurt zum deutschen König wählen zu lassen. Doch schon bald nach dem Krieg begann die Stadt wieder aufzublühen.

Eine viel schrecklichere Geißel suchte Frankfurt in den Kriegsjahren immer wieder heim. Die Pest, die im Mittelalter bereits in großen Wellen gewütet hatte, war auch in den ersten zwei Jahrhunderten der Neuzeit noch nicht gebannt. Im Jahr 1635 wurde in Frankfurt eine Gedenkmedaille geprägt, auf deren Vorderseite über der Stadt ein Engel mit der Zuchtrute schwebt. In

Spitals-Szene um 1553. Die Kranken werden hier gut versorgt und betreut. Illustrationen aus den »Pesthäusern« gibt es nicht. Auf keinen Fall ging es da so idyllisch zu wie in dem dargestellten Spital.

den Lichtstrahlen steht: »Es ist genug«. Die Inschrift der Kehrseite heißt: »1635 Groß' Sterben war verschienen Jahr, 3421 an der Zahl. War Krieg, Teuerung gar. Mit vollem Maß uns einschenkt Gott im Grimme das. Tue Buße, meide Sünde, fürchte Gott, fürwahr, Jesus gibt dann ein besser Jahr.«

Die unerbittlichen Wellen der Seuche waren natürlich auch eine Folge des großen Krieges. Die geschlagenen Schweden ließen eine Stadt hinter sich, in der das Chaos herrschte. Der Messeverkehr war schon Anfang der dreißiger Jahre zurückgegangen, im Pestjahr 1635 fand gar keine Messe mehr statt. Im Jahr 1636 wurden nach zeitgenössischen Berichten sogar fast 7000 Menschen Opfer des »Schwarzen Todes«. Es war die Zeit der Not, der Teuerung und des Hungers. Menschen aus den umliegenden Dörfern kamen wegen der Kriegsgefahr in die Stadt. Zeitzeugen berichten, daß hungernde Menschen Hunde und Katzen einfingen, um sie zu essen, andere holten sich von den Schindkauten das Aas. Von 1622 bis 1646 sollen allein 38678 Menschen in Frankfurt an der Pest gestorben sein. Die Bevölkerung, die auf 20000 Personen angewachsen war, reduzierte sich fast um die Hälfte.

Das Pestilenzhaus stand auf dem Klapperfeld. Man würde es heute ein Quarantäne-Hospital nennen. Natürlich war es viel zu klein für die große Zahl der Kranken. Geistliche weigerten sich, die Sterbenden zu besuchen, schon aus

Rücksicht auf die anderen Gläubigen, die ihrer Seelsorge anvertraut waren. Schließlich wurden auch Ärzte und eigenes eingestellte Pest-Seelsorger angesteckt und starben. Die Friedhöfe an der Peterskirche und in Sachsenhausen mußten erweitert werden.

In vielen Bereichen hatte die medizinische Wissenschaft im 17. Jahrhundert bereits große Fortschritte gemacht, doch der Pest standen die Mediziner machtlos gegenüber. Heute weiß man, daß es sich in ihrem Wesen um eine Nagetierseuche handelt. Der Hauptüberträger der Pesterreger ist der Rattenfloh, wenn die Epidemie aber unter die Menschen gekommen ist, verbreitet der Menschenfloh die Seuche weiter. Die hygienischen Verhältnisse früherer Jahrhunderte erklären vieles. Ratten und Flöhe waren ständige Begleiter der Menschen. Die Beulenpest als unmittelbare Folge eines Flohstiches ist nicht so gefährlich wie die Lungenpest, die von Mensch zu Mensch übertragen wird. Bei ihr beträgt die Todesrate hundert Prozent.

Im Jahr 1667 war die Pest in Frankfurt zum Stillstand gekommen. Aber erst 1894 haben die Wissenschaftler Kilasato und Yersin den Pesterreger entdeckt.

Die 7393 Blüten der Aloe im Frankfurter Garten

Wenn der junge Johann Wolfgang Goethe in seinem Vaterhaus am Großen Hirschgraben im obersten Stockwerk durch das Fenster nach Westen schaute, sah er vor sich das Gallustor, dahinter die weite Ebene und die Ausläufer des Taunus. Im Vordergrund aber war – Carl Theodor Reiffenstein hatte es 1858 gemalt – ein gepflegter Garten. Er gehörte der altadligen Familie Steffan von Cronstetten, in deren Haus die Kaiser Franz I. und Joseph II. logierten. Es war einer der vielen Gärten innerhalb der Stadtmauer, von denen der einfache Bürger nie etwas zu sehen bekam.

Frankfurt war, im Gegensatz zu Residenzen, immer eine enge Stadt. Das änderte sich erst am Anfang des 19. Jahrhunderts, als die Festungswerke »geschleift« und an ihrer Stelle, gefördert von Fürstprimas Karl von Dalberg, gestaltet von Maitre Guiollett und Stadtgärtner Sebastian Rinz, Grünanlagen geschaffen wurden. Die Stadt öffnete sich für das »öffentliche Grün«. Bis dahin hatte es als erholsamen Platz nur den Roßmarkt gegeben, wo eine Doppelreihe Linden zum Spazierengehen einlud.

Eine Ausstellung über Grünflächen in Frankfurt, die 1987 im Historischen Museum zu sehen war, gab einen Überblick über die Gärten vom

Der Garten des Stadtschultheißen Johann Schwind im Jahr 1641.

Mittelalter bis heute. In einer begleitenden Broschüre stellte Petra Meyer Gärten und Grünflächen vor 1804 vor. Die erste Stadterweiterung von 1333 hatte zwar die Grundfläche um mehr als das Doppelte vergrößert, doch mit der Bebauung und Kultivierung der Flächen nahmen sich die Frankfurter Zeit. Es war wohl auch eine Geldfrage. Zunächst gab es hier Wiesen, Weiden, kleine Äcker und Nutzgärten. Mit Grünanlagen hatten die Menschen damals noch nichts im Sinn. In den Gärten wurden Nahrungsmittel, Heilkräuter und Maulbeerbäume gezogen. Maria

Sibylla Merian (1647 bis 1717), Malerin, Forscherin und Naturwissenschaftlerin, hatte in ihrem Werk »Der Raupen wunderbare Verwandlung ...« über die Seidenspinner und ihre Nahrung, die Blätter der Maulbeerbäume, berichtet. Die Seidenzucht florierte.

Reiche Frankfurter konnten es sich schließlich leisten, sich in der Neustadt anzusiedeln. Die ersten künstlerisch gestalteten Gärten entstanden. Gegen die großzügigen Grünflächen der Residenzstädte nahmen sie sich freilich bescheiden aus. Berühmt wurde im 17. Jahrhundert der Garten des Gewürz-, Korn- und Weinhändlers Johann Schwind, der von 1580 bis 1648 lebte. Der vielgereiste Mann, der nach seiner Heimkehr vielerlei städtische Ämter innehatte, schuf hinter seinem Anwesen in der Neuen Eschenheimer Gasse einen Garten im Stil seiner Zeit, der nicht nur mit »Statuen, Postamenten und Zierrathen an Kron und Scepter, Särgen, Kronen und Lilien«, sondern auch mit botanischen Raritäten ausgestattet war. Die Ananas reifte in diesem Garten, und von einer amerikanischen Aloe wird berichtet, die 1726 an vierzig Ästen 7393 Blüten trug.

Als die nördliche Seite der Zeil bebaut wurde, entstanden einige prachtvolle private Grünanlagen. Chronist Johann Bernhard Müller hebt in seiner Stadtbeschreibung von 1747 besonders den Lersnerischen Lustgarten wegen seiner großen, auserlesensten Blumen-Floren und seltenen

Gewächse hervor. Und: »Die Günderrodische, Laybische, Orthische, Barckhausische, Neufrillische, Behaghelische, Rühlische, von der Kahrische und andere Gärten sind wegen ihrer guten Einrichtung, Orangerien und Blumenwerk nicht weniger annehmlich und ergötzlich.« Auch der Garten des 1767 neu erbauten »Roten Hauses«, eines Gasthofes mit großem Ruf an der Zeil, wird sehr gelobt.

Johann Wolfgang Textor, Goethes Großvater mütterlicherseits, besaß einen Garten an der Friedberger Gasse. Sein Enkel berichtet darüber: »Gewöhnlich eilten wir sogleich in den Garten, der sehr gut unterhalten war, die Gänge seitens mit Rebgeländer eingefaßt, ein Teil des Raums den Küchengewächsen, ein andrer den Blumen gewidmet, die vom Frühjahr bis in den Herbst in reicher Abwechslung die Rabatten sowie die Beete schmückten. Die lange Mauer war zu wohlgezogenen Spalierpfirsichbäumen genutzt, von denen uns die verbotenen Früchte den Sommer über gar appetitlich entgegenreiften. Weil wir unsere Genäschigkeit hier nicht befriedigen durften, wandten wir uns zur entgegengesetzten Seite, wo eine unabsehbare Reihe Johannis- und Stachelbeerbüsche unserer Gierigkeit eine Folge von Ernten bis in den Herbst eröffnete.«

Hausbesitzer in der Altstadt, wo kein Eckchen für Grünes zu finden war, stiegen aufs Dach. Das »Belvedersche«, ein Gärtchen auf dem Haus, das sich mit viel Liebe gestalten ließ, war der Ersatz. Ein Kenner schrieb: »An manchem kühlen Sommerabend mag der Besitzer eines solchen Gärtchens, die Sorgen des Tages abschüttelnd, in heiterer Gesellschaft bei Musik und Wein da oben Erholung gesucht haben.« Das bekannteste »Belvedersche« war der Dachgarten auf dem Haus »Zur Goldenen Waage« gegenüber dem Dom, das 1618 erbaut und im letzten Krieg zerstört wurde.

Frau Aja und der Kaiser mit den traurigen Augen

Damals war Karl der Siebente mit dem Zunamen »der Unglückliche« in Frankfurt, alles war voll Begeisterung über seine große Schönheit. Himmel, was hatte der Mann für Augen! Ich folgte ihm in alle Kirchen, überall kniete er in der letzten Bank unter den Bettlern und legte sein Haupt für eine Weile in die Hände … Am Abend in meiner Kammer legte ich mich vor meinem Bett auf die Knie und hielt meinen Kopf in den Händen wie er, und es war nicht anders, wie wenn ein großes Tor in meiner Brust geöffnet wäre.« Katharina Elisabeth Goethe, die Mutter des Dichters, war eine alte Frau, als sie die Geschichte der Begegnungen der wesentlich jüngeren Bettina von Arnim erzählte. Diese gab sie in ihren Schriften weiter. Da heißt es: »Es war am 17. April, da hörte ich fünf Posthörner blasen. Ich sprang ans Fenster. In dem Augenblick fuhr der Kaiser vorbei, er sah schon nach meinem Fenster, ehe ich es aufgerissen hatte, er warf mir Kußhände zu und winkte mir mit dem Schnupftuch. Von der Zeit an habe ich kein Posthorn blasen hören, ohne dieses Abschieds zu gedenken.« Das Kind war knappe zwölf Jahre alt, als ihm dies widerfuhr.

Kurfürst Karl Albrecht von Bayern war dieser Mann. Er wurde in Frankfurt zum römisch-deut-

Ein Erinnerungsblatt zur Wahl Karls VII. am 24. Januar 1742. Das Bild zeigt den Kaiser im Krönungsornat neben der ausgebreiteten Landkarte seines Reiches.

schen Kaiser gewählt und am 12. Februar 1742 als Karl VII. gekrönt. Die Krönung wurde mit besonderer Pracht gefeiert. In Wien focht Maria Theresia die Kaiserwahl an und verbündete sich mit England. Die bayerische Hauptstadt München wurde von österreichischen Truppen besetzt. Karl VII. blieb in Frankfurt, der Reichstag folgte nach und fand im Römer seinen Platz. Die Hofhaltung des Kaisers zog in das Barckhausensche Palais an der Zeil. Die Stadt Frankfurt war, wenn auch nur für knappe zwei Jahre, kaiserliche Residenz.

Schon am Tag nach der Krönung schrieb der Kaiser in sein Tagebuch: »Meine Krönung ist gestern vor sich gegangen mit einer Pracht und einem Jubel ohnegleichen, aber ich sah mich zur gleichen Zeit von Stein- und Gichtschmerzen überfallen. Krank, ohne Land, ohne Geld, kann ich mich wahrlich mit dem Job, dem Mann der Schmerzen, vergleichen und kann nur auf Gott meine Hoffnungen bauen, auf ihn, der dieses Unheil zuließ, der uns auch wieder Rettung senden kann.«

Tatsächlich konnte die Hofhaltung auf der Zeil nicht den Glanz entfalten, den Karl Albrecht von seiner Münchner Residenz her kannte. Auch die Geldmittel waren wesentlich bescheidener. Den Frankfurtern aber kam diese Aufwertung als Hauptstadt des Reiches sehr entgegen. Das selbstbewußte Patriziat entwickelte einen bisher nicht gekannten höfischen Lebensstil. Auch brachten der Hofstaat, die zahlreichen Reichsfürsten und auswärtigen Diplomaten mit ihrem ganzen Anhang nicht nur neue Lebensformen in die Stadt, sondern schufen auch zusätzliche Verdienstmöglichkeiten für die Bevölkerung.

Der Rat der Stadt achtete sorgfältig darauf, daß der lebhafte Handel nicht ausufere, daß keine erhöhten Preise gefordert würden. Ein Markmeister mußte dafür sorgen, daß unberechtigter Gewinn, spekulierende Preistreiberei und monopolartige Marktbeherrschung unterbunden wurden. Die Zollfreiheit der Gesandtschaftsangehörigen führte jedoch immer wieder zu dunklen Geschäften, Schmuggel, Schwarzmarkt und Betrug. Aber auch ein neues Gewerbe kam auf: Lohnkutscher sorgten für einen innerstädtischen Verkehr. Ihren Preisforderungen wurden schnell Grenzen gesetzt. Handwerker dagegen hatten ihre Sorgen. Gesandtschaften hatten ihre eigenen Leute mitgebracht, der Rat konnte nichts dagegen unternehmen. Es betraf vor allem die Schneider. Den aus Frankreich kommenden Kenntnissen höfischer Eleganz konnten die Frankfurter Meister wenig entgegensetzen.

Höfisches Leben innerhalb einer bürgerlichen Stadt genossen die meisten Frankfurter in vollen Zügen. Ein Ratsherr hatte freilich seine Bedenken. Er wetterte gegen den Abfall von den ernsthaften Sitten der deutschen Vorfahren, die eher den Bacchus als die Venus zu verehren geneigt gewesen seien. Und: »Man trinkt nichts als Tee und Kaffee mit einigen nichtswürdigen und süßen Getränken, welche den Magen verderben. Ein paar Flaschen Wein, die unsere Großväter kaum ein wenig in gute Laune brachten, werfen uns Weichlinge zu Boden.«

Gegen Ende des Jahres 1744 ging die »höfische« Zeit für die bürgerliche Stadt zu Ende. Die politische Lage in Süddeutschland hatte sich gewandelt, der Kaiser konnte in seine Münchner Residenz heimkehren. Die Frankfurter hatten »ihren Kaiser« gut behandelt und seine Bemerkung, er wolle nicht in einem Loch wie Frankfurt vor Ärger sterben, nicht verdient. Am 20. Januar 1745 starb Kaiser Karl VII. in München. Er wurde 47 Jahre alt.

Immerhin hatte er in Frankfurt dem Rat einige Titel und die Bezeichnung »Edel und Ehrsam« verliehen. So wurde auch Johann Caspar Goethe »Kaiserlicher Rat«.

Als das Goethehaus zum Atelier der Maler wurde

In seinem Erinnerungsbuch »Dichtung und Wahrheit« schreibt Goethe: »Nach alter reichsstädtischer Sitte posaunte der Türmer des Hauptturms, sooft Truppen heranrückten. An diesem Neujahrstage wollte er gar nicht aufhören, welches ein Zeichen war, daß größere Heereszüge von mehreren Seiten in Bewegung seien ...« Die Goethekenner Herbert Heckmann und Walter Michel, die in ihrem Buch »Diese lebhafte sinnliche Welt« auf den Spuren dessen sind, was Dichtung und was Wahrheit sei in Goethes Erinnerungen, bemerken sehr trocken dazu: »Der Türmer der Frankfurter Pfarrkirche war am Neujahrstag 1759 gar nicht in der Lage zu blasen, weil er mit dem Einsammeln der Neujahrsgeschenke vollauf beschäftigt war. Seine Frau konnte aus dem einfachen Grunde nicht einspringen, weil sie des Trompetenblasens unkundig war. Die Franzosen hatten leichtes Spiel, denn am Neujahrstag pflegten viele Frankfurter betrunken zu sein.«

Dies sind die Tatsachen: Am 2. Januar 1759 besetzten französische Truppen die Stadt Frankfurt. Es war im Verlauf des Siebenjährigen Krieges zwischen Preußen auf der einen, Frankreich, Österreich und Verbündeten auf der anderen Seite. Oberbefehlshaber war Fürst Soubise, der am Hof

François de Théas Conte de Thoranc nahm am 2. Januar 1759 sein Quartier im Haus des Kaiserlichen Rats Goethe und versammelte Frankfurts bekannteste Maler um sich. Als das Bild entstand, war er etwa 40 Jahre alt.

in Versailles einen außerordentlichen Ruf genoß und Günstling der Damen Pompadour und Dubarry war. Eine weiße Zwiebeltunke hatte er kreiert, die noch heute »Sauce à la Prince de Soubise« heißt. Sein Königsleutnant war François de Théas, Comte de Thoranc. Er nahm Quartier im Hause Goethe am Großen Hirschgraben. Sehr zum Leidwesen des Hausherrn Johann Caspar. Der Sohn schrieb: »Der Vater, ohnehin preußisch gesinnt, sollte sich nun von Franzosen in seinen Zimmern belagert sehen.«

Dem Knaben Johann Wolfgang, noch keine zehn Jahre alt, behagte dagegen die Abwechslung im Hause sehr. Den Grafen, der aus Grasse in der französischen Provence stammte, schilderte er als »eine lange, hagere, ernste Gestalt, das Gesicht durch die Blattern sehr entstellt, mit schwarzen, feurigen Augen und von einem würdigen zusammengenommenen Betragen.« Dieser Mann kam gegen Abend ins Haus Goethe, man besprach die Verteilung der Zimmer. Als das Gemäldezimmer erwähnt wurde, so erinnerte sich Goethe, erbat er sich gleich, obwohl es schon dunkel war, mit Kerzen die Bilder wenigstens flüchtig zu besehen. Als er erfuhr, daß die meisten Künstler noch lebten, sich in Frankfurt und in der Nachbarschaft aufhielten, wünschte er, sie bald kennenzulernen und zu beschäftigen.

Johann Caspar Goethe hatte im Laufe der Jahre selbst eine beachtliche Kunstsammlung angelegt. In einem Verzeichnis der »Privat-Cabineter« sind aufgeführt »eine große Anzahl der schönsten Bilder von Seekatz in Darmstadt, historische und Brandstücke von Johann Georg Trautmann, Landschaften und Architekturstücke von C. G. Schütz, die schönsten Landschaften von Wilhelm Friedrich Hirt, Ovidische Vorstellungen von Tischbein, Küchen-, Blumen- und Früchtestücke vom alten Juncker und das Innere einer gotischen Kirche von einem niederländischen Maler.«

Johann Wolfgang Goethe berichtete weiter: »Gleich an den ersten Tagen der Anwesenheit des Grafen wurden die sämtlichen Maler, als Hirt, Schütz, Trautmann, Nothnagel, Juncker, zu ihm berufen. Sie zeigten ihre fertigen Gemälde vor und der Graf eignete sich das Verkäufliche zu. Ihm wurde mein hübsches, helles Giebelzimmer eingeräumt und sogleich in ein Kabinett und Atelier umgewandelt.« Der Knabe Johann Wolfgang beobachtete genau, was dort geschah: »Seekatz übernahm ländliche Szenen, worin Greise und Kinder, nach der Natur gemalt, ganz herrlich glückten. Die Jünglinge wollten ihm nicht ebenso geraten, sie waren meist zu hager. Und die Frauen mißfielen aus der entgegengesetzten Ursache ... Trautmann rembrandtisierte ein Auferweckungswunder des Neuen Testaments und zündete nebenher Dörfer und Mühlen an. Hirt malte einige gute Eichen- und Buchenwälder. Seine Herden waren lobenswert. Juncker bequemte sich, für gute Bezahlung, mit Blumen und Früchten manche Abteilung zu verzieren.« 400 Leinwände wurden in dieser Zeit bemalt. Thoranc schickte sie, getrocknet und in Rollen verpackt, seinem Bruder in Südfrankreich, im Schloß des Grafen fanden sie ihren Platz.

Im Jahr 1876 hielt sich der deutsche Kunstfreund Martin Schubart an der Côte d'Azur auf und machte sich auf die Suche nach den Bildern, die aus Frankfurt stammten. Er fand sie in zwei Häusern der Stadt Grasse und in einem Schloß zu Mouans. 1896 schrieb er ein Buch über seine Entdeckungen. Zunächst konnte Schubart den Josephs-Zyklus und den Brand von Troja des Malers Johann Georg Trautmann erwerben. 1897 schenkte er die Stücke dem Freien Deutschen Hochstift in Frankfurt. Weitere Werke konnte Professor Heuer 1907 für Frankfurt einkaufen. In den siebziger Jahren dieses Jahrhunderts kümmerte sich Kurt Andreas, Inhaber der Kunsthandlung J. P. Schneider an Frankfurts Roßmarkt, um weitere Bilder aus der Sammlung in Grasse. Vor allem der Josephs-Zyklus konnte auf diese Weise für Frankfurt vervollständigt werden.

In Frankfurt aber hatte der Königsleutnant als Erinnerung einige praktische Einrichtungen hinterlassen, die, wie berichtet wird, auf seine Initiative zurückgingen: Die Numerierung der Häuser, durchgehende Straßenbeleuchtung, regelmäßige Müllabfuhr und Neuordnung der Feuerwehr. François Théas, Comte de Thoranc, starb 75jährig in seiner Heimatstadt Grasse.

Don Giovanni und der »Alte Bürgerkapitän«

Mit gnädigster Erlaubniß Eines Hochedlen und Hochweisen Magistrats der Kaiserl. Freyen Reichs-Wahl- und Handelsstadt Frankfurt am Mayn wird heute Montags den 3. May 1784 von der Großmännischen Schauspielergesellschaft aufgeführt werden: Kabale und Liebe. Ein bürgerliches Trauer-Spiel von Friedrich Schiller.« So stand es auf einem Theaterzettel, auf dem auch vermerkt war, daß das Stück im Hause beim Eingang für 50 Kreuzer zu haben sei. Es war nicht die Uraufführung, die bereits am 13. April stattgefunden hatte, doch dieser Abend war insofern bemerkenswert, als sich bei Gelegenheit dieser Aufführung Friedrich Schiller in Sophie Albrecht, die Darstellerin der Louise, verliebte. Außerdem hatte der berühmte Schauspieler August Wilhelm Iffland – noch heute wird der »Iffland-Ring« als höchste Auszeichnung für Schauspieler verliehen – die Rolle des Kammerdieners übernommen. Frau Rath Goethe, die Frankfurts Theater immer wieder mit Kommentaren begleitete, schrieb vor der Uraufführung an Frau von Stein nach Weimar: »Ich wünschte sehr, daß Sie jetzt bei mir wären. Übermorgen geht unser Theater wieder an, und zwar wird ein ganz neues Stück geben, Kabale und Liebe von Schiller, dem Verfasser der Räu-

Am 3. September 1792 wurde das Frankfurter Comödienhaus mit dem Schauspiel »Hanno, Fürst im Norden« feierlich eröffnet. Zeitgenossen berichten: »Das neue Comödienhaus macht in der Tat den Frankfurtern Ehre. Es sind drei Reihen Loge im Halbzirkel, alle Logen tapeziert, mit Spiegelleuchtern versehen und noch eine geräumige Galerie fürs Volk.«

ber, – alles verlangt darauf und es wird sehr voll werden.«

Damals war das »Comödienhaus« zu Frankfurt ganze zwei Jahre alt. Frankfurter Mäzenatentum hatte es durchgesetzt, daß Theatergruppen eine feste Spielstätte hatten, wo das neue Drama gepflegt wurde. Verpachtet wurde es an den Fürstlich Waldeckischen Hofrat Johann August Tabor. Mit der »Kurfürstlichen Mainzischen und Kölnischen Gesellschaft« Großmanns waren schon in den ersten Jahren beachtliche Erfolge zu verbuchen. Später zeichnete sich eine deutliche Qualitätsminderung ab, die ihren Ausdruck 1791 in einem regelrechten Besucherstreik fand. Mangelhafte Aufführungen und unverschämte Eintrittspreise waren die Gründe.

Im Jahr 1793 wurde die »Erste Frankfurter Theateraktiengesellschaft« mit einem Stammkapital von 33 000 Gulden gegründet. Das Comödienhaus wurde zum »Nationaltheater«, später Stadttheater genannt. Frankfurt bot in den folgenden unruhigen Jahren nicht den richtigen Nährboden für die Musen. Ständig wechselnde Zensurmethoden behinderten eine solide Bühnenarbeit. Das Schauspiel hatte wenig Chancen in einem Theater, in dem das Opernensemble sich immer deutlicher etablierte. Ludwig Börne schrieb zur Uraufführung des »Alten Bürgerkapitäns« im August 1821: »Auch solche wird es anziehen, die sich sonst von Dichtwerken weniger angezogen fühlen. Sie werden es als ein wissenschaftliches Werk aufnehmen, als eine Statistik des Frankfurter Volkslebens.«

Der Autor dieses Stückes war Carl Malß. Ihm wurde im gleichen Jahr die Direktion des Frankfurter Theaters angetragen. Die Stücke, die er schrieb, und auch seine Farcen, die von verschiedenen Autoren bearbeitet wurden, sind bis heute ein Spiegel Frankfurter Volkslebens in der Biedermeierzeit geblieben, sind lebendige Zeugnisse ihrer Zeit. Malß, der bis zu seinem Tod 1848 den Posten innehatte, nahm seine Aufgaben als Theaterdirektor sehr ernst, finanzielle Schwierigkeiten und künstlerische Flauten machten ihm zu schaffen. Er neigte zur Hypochondrie und zog sich immer mehr aus dem geselligen Leben in seiner Stadt zurück. Rätselhaft bleibt es den Kennern der Frankfurter Literatur, wo dieser scheue Eigenbrötler den Stoff für die lebenstrotzenden Dialoge seiner Volksstücke hergenommen hat.

Reisende, die nach Frankfurt kamen, konnten keine rechte Beziehung zum Schauspiel finden, die Opernaufführungen dagegen fanden allgemeinen Beifall. Bereits im 18. Jahrhundert wurden hier Mozarts Opern »Figaros Hochzeit«, »Don Giovanni«, »Cosi fan tutte«, »Titus« und »Die Zauberflöte« aufgeführt. Mutter Goethe schrieb an ihren Sohn: »Kein Mensch will von sich sagen lassen, er hätte die Zauberflöte nicht gesehen; alle Handwerker, Gärtner, ja sogar die Sachsenhäuser, denen ihre Jungen die Affen und Löwen machen, gehn hinein. So ein Spektakel hat man hier noch nie erlebt.«

Die ersten Spielopern von Lortzing wurden hier aufgeführt, Beethovens »Fidelio«, Meyerbeers »Hugenotten« und »Robert der Teufel«, Verdi, Nicolai und schließlich Richard Wagner. Im Jahr 1863 dirigierte Wagner selbst den »Lohengrin«, zum Deutschen Fürstentag 1863 sang die damals vielgerühmte Koloraturvirtuosin Angelina Patti die Rosine im »Barbier von Sevilla«.

Zehn Jahre später sprach alles vom Neubau einer eigenen Oper in Frankfurt. Und da hieß es: »Ganz Frankfurt war gewillt, diesem Kunstbau die erforderlichen Opfer zu bringen.«

In der Luft mit Wein und Milchbrötchen

Frankfurt ist die Wiege der deutschen Luftfahrt. Genauer: der Luftfahrt über deutschem Boden. Denn der kühne Ballonfahrer, der am 3. Oktober 1785 sich mit seinem Heißluftballon über der Bornheimer Heide erhob, war ein Franzose: Jean-Pierre Blanchard. Ein Pfarrer namens Gollhard war unter den Zehntausenden von Augenzeugen und berichtete später: »Nachdem ihn (den Ballon) ein starker Wind schnell in die oberen Regionen getrieben hatte, so daß man ihn bald aus dem Gesicht verloren hatte, erreichte er die Höhe von 6500 Fuß (etwa 2000 Meter) und legte 14 Stunden in 39 Minuten zurück.« Die seltsame Rechnung besagt, daß man damals die Entfernung zwischen Frankfurt und Weilburg mit 14 Wegstunden berechnete. Daran gemessen war die Geschwindigkeit des Heißluftballons (dank des heftigen Windes) sensationell.

Franzosen waren die Pioniere der Luftfahrt. Im Jahr 1783 erfanden die Brüder Montgolfier den Ballon, der sich, mit heißer Luft gefüllt, in die Lüfte erheben konnte. Der bekannteste Ballonfahrer aber war Jean Pierre Blanchard, der, damals 35 Jahre alt, im Januar 1785 zum erstenmal den Ärmelkanal von Dover nach Calais überflogen hatte. Im September des gleichen Jahres

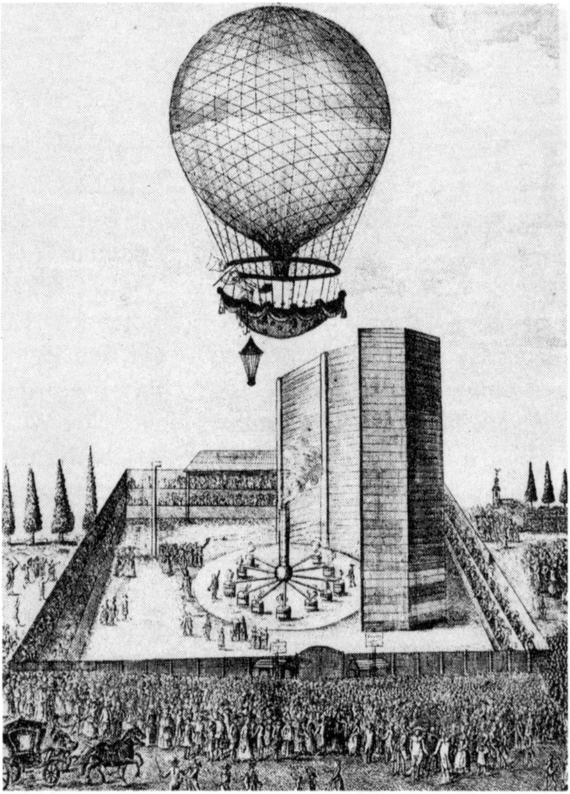

Die erste »Luftreise« über Deutschland: Am 3. Oktober 1785 stieg der Franzose Jean-Pierre Blanchard mit seinem Heißluftballon über der Bornheimer Heide auf. Der mitgenommene Hund schwebte über Bockenheim mit einem Fallschirm zur Erde.

kam er mit allen notwendigen Geräten nach Frankfurt. Er wollte für seinen Aufstieg die Tage der Herbstmesse nutzen, als die Stadt voller Menschen war. Immerhin kostete das Zusehen Eintrittspreise von zwei bis elf Gulden. Chroniken berichten, daß sich am 3. Oktober 1785 100 000 Neugierige auf der Bornheimer Heide versammelt hätten. Frankfurt hatte damals etwa 35 000 Einwohner.

Doch zunächst lief einiges schief. Der Rat der Stadt hatte dem Luftschiffer einen Startplatz am Main zugewiesen, doch dieser wollte unbedingt auf die Bornheimer Heide. In Erinnerung an die »Schlacht bei Bergen« im Jahr 1759 schrieb er später: »Eben dieses Feld wählte ich, welches das Blut der Franzosen noch ausduftet, welches sie für die Erhaltung der Stadt Frankfurt vergossen ...« Der Start sollte am Sonntag, 25. September, sein, wurde aber zunächst wegen des stürmischen Wetters auf den 27. verlegt. Auch an diesem Tag wehte ein starker Wind, hundert Männer mußten den Ballon festhalten. Blanchard stieg mit dem Prinzen Friedrich von Hessen in die Gondel. Da bekam der Ballon einen Riß, der Aufstieg war unmöglich. Blanchard fiel in Ohnmacht.

Am 3. Oktober 1785 um 10.36 Uhr gelang der Start. Blanchard verzichtete diesmal auf Mitfahrer. Er nahm lediglich »40 Pfund Ballast, eine Flasche sehr guten Wein, zwei Milchbrote usw.« mit. Auch sein Hündchen hatte er dabei, das er, zur Freude des Publikums, an einem Fallschirm hinunterließ. In Bockenheim kam es wohlbehalten an. In seinen Aufzeichnungen über diese seine 15. aerostatische Reise schrieb der erste Ballonfahrer über Deutschland: »Der Wind Nord-Ost war ziemlich stark, der Himmel war überall ganz bedeckt und das Barometer stand unter der Linie ›Veränderlich‹. Bei 6000 Fuß Höhe hörte ich drei Kanonenschüsse, die der Herr Landgraf von Homburg bei meiner Vorüberfahrt zu lösen befohlen hatte ... Als ich eine mit Waldungen gezierte Bergkette vor mir hatte, erhob ich mich wieder in der Entschließung, darüber hinweg zu segeln einen Versuch zu machen ... Der Himmel trübte sich mehr und mehr und meine Luftkugel befand sich ungefähr auf dem Durchmesser in den Wolken. Nicht weiter wollte ich nun in die Wolken gehen, um mich nicht dem Gesicht der mich beobachtenden Menschen zu entziehen. Ich hörte sehr deutlich den Klang der Glocken, die Flintenschüsse, und konnte mit meinem Teleskop Dörfer und Städte sehr genau unterscheiden. Um 11 Uhr 8 Minuten ward ich von fern eine Stadt gewahr, die mir sehr wohl gelegen zu sein schien. Es war die Stadt Nassau-Weilburg ...«

Ganz ohne Komplikationen verlief auch die Landung nicht. Als Blanchard auf einer Wiese landen wollte und den Anker auswarf, knüpfte ein Kind den Ballon wieder los. Der Mann in der Luft schimpfte kräftig, aber das Kind verstand kein Französisch. Als zweiten Landeplatz hatte sich Blanchard ein Gestrüpp ausgesucht. Hier machte ein Schäfer die Stricke wieder los. Beim dritten Versuch setzte er den Anker in das Wasser der Lahn, der Ballon landete am Ufer. Im Schloß von Weilburg wurde der Luftpionier, der mit dem Fürsten Carl von Nassau befreundet war, mit einem Festmahl gefeiert. Mit dem »herrschaftlichen Wagen« wurde er nach Frankfurt gebracht.

Im Comödienhaus hatte die Großmannsche Gesellschaft ein Festspiel arrangiert, in dessen Mittelpunkt Blanchard und sein Ballon standen. Der Held des Tages mußte auf die Bühne kommen, der Applaus nahm kein Ende. Ein Gelage mit den vornehmsten Herrschaften im »Römischen Kaiser« folgte, schließlich ein Empfang im Römer, wo ihm der Rat »50 Stück doppelte Krönungsstücke in Gold von der Krönung Kaiser Josephs II. von 1764, hundert Dukaten im Wert, überreichte.« Die Kasse stimmte!

Wie die Stadt zu ihrem Weingut kam

Zu Beginn des 19. Jahrhunderts, als Frankreichs Kaiser Napoleon sich anschickte, ganz Europa zu erobern, begann ein großes Aufräumen in deutschen Landen, das in seinen Ansätzen schon auf ein Säkulum des Fortschritts hindeutete. Die »Freie Stadt Frankfurt« spielte im politischen Geschehen zeitweise eine wichtige Rolle. Und sie wurde Weingutsbesitzer, was dem »Reichsdeputationshauptschluß« zu verdanken war, in dem die Säkularisation kirchlicher Güter festgeschrieben war.

Die »Reichsdeputation«, eine Verbindung deutscher Fürsten, trat 1803 zum letzten Mal zusammen. Die linksrheinischen Provinzen hatten nach dem Frieden von Lunéville an Frankreich abgetreten werden müssen, der Beschluß der Fürsten bereitete der Existenz vieler kleiner Herrschaften ein Ende. Auch geistliche Güter innerhalb der Städte wurden säkularisiert, also der weltlichen Obrigkeit übergeben. Mit der Übernahme der Kirchengüter des Bartholomäusstiftes, des Liebfrauenstiftes und des Leonhardstiftes machte die Stadt ein Geschäft. Von den drei Stiften übernahm sie an Liegenschaften 120 Häuser, 5400 Morgen Ackerland und 75 Morgen Weinberge. Dazu kamen die wertvollen Kunstschätze.

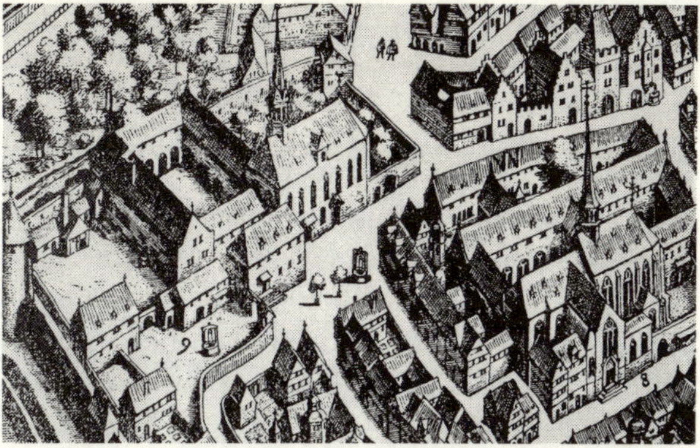

Das Karmeliterkloster (rechts) gehörte, nachdem die Mönche des Bettelordens im Mittelalter nach Frankfurt gekommen waren, zu den wichtigsten kirchlichen Einrichtungen. Die Weinberge des Klosters in Hochheim fielen der Stadt Frankfurt mit der Säkularisation sozusagen in den Schoß.

Auch das Karmeliterkloster verlor seinen Besitz. Das Weingut in Hochheim gehörte dazu. Den Frankfurtern fielen 25 Morgen Weinberge und sieben Morgen Ackerland in Hochheim und Umgebung in den Schoß. Sie verkauften die kleineren Parzellen und konnten damit Pensionsansprüche von Geistlichkeit und Reichsbeamten befriedigen. Intensiven Weinbau auf den verbliebenen guten Lagen betreibt die Stadt Frankfurt erst seit Anfang des 20. Jahrhunderts. Der »Hochheimer« zählt zu den besten Sorten des Rheinweins, obwohl die Weinberge am Main liegen.

Ob die Karmeliter, die im Mittelalter als Bettelmönche nach Frankfurt kamen, eine besondere Beziehung zum Wein hatten, läßt sich nur vermuten. Immerhin ist der Wein vom Karmelberg im heutigen Israel der bekannteste Tropfen des Landes. Dort stand auch das erste Kloster der Karmeliter. Als die englische Königin Victoria 1850 Hochheim besuchte, dort den Wein kostete, erklärte sie ihn sogleich zum bevorzugten Getränk am englischen Hof. So ist es heute noch, in England sagt man kurz: »Hock«. Und in Israel gibt es Leute, die nennen den Weißwein vom Berg Karmel auch »Hock«.

Die Säkularisation wurde in Frankfurt freilich ziemlich rigoros betrieben. Kirchen und Klöster wurden zu Speichern und Kasernen. Das Inventar wanderte in die Umgebung. Orgeln gehörten dazu, Beichtstühle und Altäre, aber auch zum Teil recht wertvolle Gemälde und Devotionalien. Nur die bedeutendsten Kunstwerke, wie Altartafeln von Holbein, Dürer und Grünewald, wurden von der Museumsgesellschaft für die städtische Galerie gerettet.

Die Paulskirche diente in jenen Jahren auch als Lager für alle möglichen Dinge. Der Rat der Stadt vermietete den Raum an französische Truppen als Versorgungslager. Mit der Säkularisation hatte es nichts zu tun. Im Gegenteil: Die im Bau befindliche evangelische Stadtkirche stand jahrelang halbfertig nahe dem Römer. Die Stadt hatte kein Geld für den Weiterbau, und man war froh, daß man den Bau vermieten konnte, um ihn wenigstens notdürftig instand zu halten. 1789 war mit dem Bau begonnen worden. In der Zeit bis 1806 war die Stadt fünfmal von französischen Truppen besetzt worden und mußte 11756276 Gulden Kriegskontributionen bezahlen.

Der Stadtbaumeister Johann Andreas Liebhardt (1714 bis 1788) hatte die ersten Skizzen und Pläne geschaffen. Er entschied sich bereits für die ovale Form im damals modernen klassizistischen Stil mit der Bemerkung: »Meines Erachtens ist die ovale Form die einzig mögliche und geeignete, den Platz bei Erreichung eines hellen Kirchengebäudes auszunutzen.« Sein Nachfolger Christian Georg Hess (1756 bis 1816) ergänzte: »Der Hauptabsicht, den Prediger von jedem Platz aus zu sehen und zu verstehen, wird kein Hindernis in den Weg gelegt.« Auch Hess konnte das Werk nicht vollenden. Erst sein Sohn Johann Friedrich Christian Hess, der vor allem die neue Dachkonstruktion schuf, konnte den Bau fertigstellen. Am 9. Juni 1833 wurde die Paulskirche eingeweiht. Pfarrer Anton Kirchner, Verfasser der »Ansichten von Frankfurt am Main« hielt die erste Predigt.

Um das Jahr 1810 wurde die halbfertige Kirche auch als Ausstellungsraum genutzt. Madame Madelaine-Sophie Blanchard zeigte hier ihre Luftballons, als sie im September 1810 von Frankfurts Klapperfeld aus zu einer Ballonfahrt startete. Ihr Mann, der 1785 den ersten sensationellen Ballonflug über Deutschland auf der Bornheimer Heide gestartet hatte und in Weilburg gelandet war, war 1809 nach einem Schlaganfall gestorben. Seine Frau setzte sein Werk fort. Am 7. Juli 1819 entzündete sie über dem Tivoli-Park in Paris ein Feuerwerk. Der Ballon ging in Flammen auf, die Luftschifferin fand den Tod.

Als die Juden ihre Gasse verlassen durften

Das 19. Jahrhundert begann für ganz Europa mit politischen Umwälzungen, die ein neues Zeitalter ankündigten. Am 6. August 1806 legte in Wien Kaiser Franz II. die römisch-deutsche Kaiserwürde nieder. Frankfurt wurde im gleichen Jahr wieder einmal von französischen Truppen besetzt. Die Zeit der »Reichsstadt« war vorbei. Carl Theodor von Dalberg, Erzbischof von Mainz, wurde von Kaiser Napoleon als »Fürstprimas« für Frankfurt, später als Großherzog eingesetzt. Bis 1813 war Frankfurt Großherzogtum. Dann sank der Stern Napoleons.

Der Großherzog von Napoleons Gnaden war ein fortschrittlicher Mann, Frankfurt veränderte sich in seiner Zeit. Er bemühte sich um Reformen des Armen- und des Stiftungswesens, wollte das Schulwesen neu gestalten und dachte an eine Landesuniversität. Die »Museumsgesellschaft« entstand zu seiner Zeit, am auffallendsten aber war der Abbruch der Stadtbefestigungen, die jenen Grünanlagen Platz machten, wie sie heute noch die Stadt zieren. »Man glaubt, es sei Feerey«, schrieb Frau Rat Goethe an ihren Sohn. »Unsere alten Perücken hätten sowas bis zum Jüngsten Tag nicht zuwege gebracht ...«

Eine neue Ära begann in der Zeit des Großher-

Hermann Junker, Frankfurter Bildchronist des 19. Jahrhunderts, zeichnete die Szene des Neumondgebetes am Ende des Versöhnungsfestes Jom Kippur in der Judengasse. Bekannte Persönlichkeiten aus der Jüdischen Gemeinde sind auf der Zeichnung festgehalten.

zogtums für die Frankfurter Juden. Aufgrund der proklamierten Gleichberechtigung wurden auch ihnen am 28. Dezember 1811 die bürgerlichen Rechte zugesprochen. Das kostete natürlich Geld. Die Ablösungssumme betrug 440 000 Gulden, die zum großen Teil durch die Initiative des Bankhauses Rothschild beschafft werden konnten. Freilich wurde der Vertrag, nachdem Frankfurt wieder »Freie Stadt« geworden war, zu einem wesentlichen Teil wieder rückgängig gemacht. Die völlige politische Gleichstellung erfolgte erst 1864. Im Jahr 1811 aber war als wesentlicher Erfolg erreicht worden, daß die Judengasse kein Getto mehr war. Anfang 1812 ließen sich 645 Juden in das Bürgerbuch eintragen. Sie zogen in andere Stadtteile, waren Bürger unter Bürgern.

Im Jüdischen Museum, das im ehemaligen Rothschildschen Palais an Frankfurts Untermainkai 14–15 untergebracht ist, steht ein Holzmodell der Frankfurter Judengasse, die 350 Jahre lang die Heimat der Frankfurter Juden war. Ursprünglich lebten sie nahe dem heutigen Dom. Bereits im Jahr 1241 wurden hier bei einem frühen Pogrom 180 Juden getötet, nur 24 blieben übrig. Sie ließen sich taufen. Im Jahr 1462 wurde das Getto auf Geheiß des Kaisers Friedrich III. im nördlichen Teil des Fischerfeldes und am Wollgraben eingerichtet. Zunächst lebten dort nur hundert Menschen, doch die Bevölkerung wuchs sehr schnell. Der Wollgraben wurde zugeschüttet und bebaut, aus Gärten, Schuppen und Ställen wurden Hinterhäuser. Später wurden die Häuser geteilt und aufgestockt. Um 1700 wohnten 3000 Personen in der Judengasse.

Beim sogenannten »Fettmilch-Aufstand«, als sich Vertreter der Zünfte gegen den Rat der Stadt empörten, mußte, wie so oft in der Geschichte, eine Minderheit darunter leiden. Am 22. August 1614 drangen die Aufständischen unter Fettmilchs Führung in die Judengasse ein, plünderten die Häuser, schlugen die Bewohner. Die Juden verließen eilends die Stadt. Als Fettmilch und seine Mitstreiter gefangen und hingerichtet waren, kehrten auch die Bewohner der Judengasse zurück. Eine neue »Stättigkeit« stellte sie unter »Römisch kaiserlicher Majestät und des Heiligen Reiches Schutz«. Allerdings sollte die Zahl der »Hausgesäße« auf 500 beschränkt bleiben und wurden nur zwölf Eheschließungen im Jahr zugelassen.

Feuersbrünste wüteten immer wieder in der Judengasse – wie in anderen Stadtbereichen auch. Am 14. Januar 1711 brach im Haus des Oberrabiners Naftali Kohen ein Feuer aus, das sich bei starkem Wind rasch ausbreitete. Die gesamte Judengasse brannte ab. Vier Menschen kamen ums Leben, aber viele Bewohner verloren ihr Hab und Gut. Nach den Zeichnungen des Wiederaufbaus, die erhalten geblieben sind, wurde das Modell im Museum geschaffen.

Schilderungen der Judengasse gibt es in vielen

Reiseberichten und anderen Zeugnissen über Frankfurt. Ein Mann aus Sachsen, dessen Name nicht überliefert ist, kam 1792 zur Kaiserkrönung nach Frankfurt. Er schilderte die Judengasse in düstersten Farben: »Stellen Sie sich eine Straße vor, welche über eine halbe Viertelstunde lang und von Häusern eingeschlossen ist, die fünf bis sechs Etagen hoch sind. Denken Sie sich diese Häuser mit Hinterhäusern und diese womöglich noch einmal mit Hinterhäusern, die kaum soviel Hofraum haben, daß das Tageslicht hineinfallen kann. Alle Winkel, von der Erde bis in das Dach hinauf, voll enger Stuben und Kammern, in diesen zehntausend Menschen zusammengeschichtet, welche sich glücklich schätzen, wenn sie ihre Höhlen verlassen und auf ihrer schmutzigen und feuchten Straße Luft schnappen können.«

Ludwig Börne, der 1786 als Juda Löb Baruch in der Judengasse geboren wurde, wußte den gleichen Eindruck ganz anders wiederzugeben: »Die Sonne hing brütend über die lange, schmale Gasse, und mir fiel wohl ein im Schweiße meines Angesichts, wir Juden müßten doch des Himmels Lieblingskinder sein, daß er unsere Wohnungen wärmer beschien als in dem übrigen Teil der Stadt ... Um so reizender nehmen sich an den Pforten der finsteren Höhlen die Töchter Abrahams aus, die im nachlässigsten Morgengewande, halb sitzend, halb liegend, des Betrachters Auge um so reiner vergnügen, da die Anschauung ihrer Schönheit sein Herz ungefährdet läßt. Um sie herum stehen die jungen Söhne Merkurs ... Da strömen die Lippen über von artigen Witzen und witzigen Artigkeiten ...«

Die welschen Hühner in der Graubengasse

Frankfurts Altstadt um 1830: »Was den Haupteindruck der Graubengasse ganz besonders hervorhob, war das vielstimmige Gezwitscher und Gepfeife einer großen Menge von Vögeln aller Art, die in Käfigen vor den Fenstern aufgehängt waren. Auch die sonderbaren Laute einer Truppe von welschen Hühnern sind unzertrennlich von dem Bild der Straße. Sie gehörten dem Geflügelhändler Enders, der sie in Ermangelung eines besseren Aufenthaltsortes auf die Straße setzte.«

Der Maler Carl Theodor Reiffenstein, Frankfurts Chronist mit Zeichenstift und Farbe, wurde am 12. Januar 1820 in der Graubengasse 18 geboren. Die Gasse gibt es nicht mehr. Der Feuersturm des Zweiten Weltkriegs hat sie hinweggefegt. Nach dem Krieg machte der Durchbruch der Berliner Straße ein Wiedererstehen unmöglich. Alten Frankfurtern ist die Graubengasse noch als Straße der Kleinhändler und Trödler in Erinnerung. Zu Reuffensteins Zeiten aber war sie eine typische Wohnstraße am Rand der Altstadt.

Carl Theodor Reiffenstein hat das Frankfurt der Mitte des 19. Jahrhunderts in Hunderten von Zeichnungen und Aquarellen festgehalten. Es ist eine Periode, die man auch gern als »Biedermei-

Der »Tuchgaden« war eine der typischen alten Gassen mit Durchgang, wie sie Carl Theodor Reiffenstein detailgetreu gezeichnet hat.

erzeit« bezeichnet, doch die Ereignisse im unruhigen Frankfurt ließen nicht viel Zeit zur Beschaulichkeit. Reiffensteins Bilder sind eine Bestandsaufnahme der Bauweise in einer alten Stadt, seine schriftlichen Aufzeichnungen aber erfüllen diese kleine Welt mit Leben. So die Graubengasse: »Den ganzen Tag hörte man das Klopfen der Schuhmacher, der Spengler, das Hobeln und Sägen der Schreiner, den dumpfen Ton der Hammerschläge in der Schlosserwerkstätte, das Ächzen der Feilen. Dazu kam ein fortgesetztes Kindergeschrei und mancherlei Gerüche, bald gut, bald schlecht. Hitze hatte man eigentlich nie auszustehen, denn die Sonne hatte in der engen Straße keine Gelegenheit, ihre Herrschaft in voller Strenge zu entwickeln.«

Doch auch der Winter hatte seine Reize in den Schilderungen des Malers: »Einen Hauptreiz und eine Anziehungskraft auf die jugendliche Phantasie übten die Weihnachtszeit und der derselben vorausgehende Christmarkt (Christkindchesmarkt) aus, wie überhaupt der ganze Spätherbst mit seinen langen Abenden, die wir, in den spärlich erleuchteten Straßen uns herumtreibend, so recht mit Behagen verbrachten.« Und: »In dem äußerst strengen und anhaltenden Winter 1829/30 wurde auf Fastnacht von den Küfergesellen ein Faß auf dem Eise des zugefrorenen Maines gemacht und dasselbe nachher im feierlichen Aufzuge herumgefahren.« Der kleine Reifenstein beneidete seine Freunde, die Küfersöhne waren und, mit kleinen Schurzfellen angetan, im Zuge mitlaufen durften. Doch als Bierbrauersohn wurde er entschädigt, als die Braugesellen ihren Umzug machten: »Wir Meistersöhne zogen mit und hatten schöne kleine weiße Schürzen an. Das waren selige Zeiten. Wie stolz brüsteten wir uns, da uns natürlich auch volle Gläser kredenzt wurden, dieselben auf einen Zug leeren zu können wie die Alten, was bei mir als Bierbrauersohn unschädlich blieb.«

Mit wachem Verstand beobachtete der zehn- bis vierzehnjährige Carl Theodor auch die Ereignisse der dreißiger Jahre: »Das Jahr 1830 kam heran und mit ihm alle die Unruhen, welche die Juli-Revolution in Frankreich damals nach sich zog. Es gehören dazu die Vorfälle der ersten Herbsttage 1831, sodann der Laternenkrawall im Jahr 1832, die Durchmärsche der flüchtigen Polen 1833, am 3. April das Attentat auf die Wachen, die sogenannten Studentenkrawalle. Nur einen Fall will ich hier erwähnen, der mir deutlich in Erinnerung geblieben ist. Es war die öffentlich ausgestellte Leiche von Georg Henkelmann, welcher als politischer Gefangener auf der Konstablerwache saß und bei der Erstürmung derselben durch die Studenten und der damit beabsichtigten Befreiung der Gefangenen irrtümlich einen Bajonettstich durch den Leib erhielt, an dessen Folgen er in den nächsten 24 Stunden starb. Die Leiche war auf der Breite Gasse ausgestellt im Henkelmannschen Haus. Auf der Brust lag ein grüner Kranz mit der Inschrift: Dem Georg Henkelmann gewidmet von deutschen Mädchen.«

Paulskirche: »feuriges Interesse« in der Damengalerie

Am 18. Mai 1848 hatte Frankfurt sein Festgewand angelegt. Girlanden und schwarzrot-goldene Fahnen überall. Journalisten, Diplomaten, politische Beobachter und Schaulustige waren aus allen deutschen Ländern gekommen. Um vier Uhr nachmittags läuteten die Glocken und wurde Salut geschossen. 384 Abgeordnete der Deutschen Nationalversammlung – viele andere befanden sich noch auf der beschwerlichen Anreise – zogen feierlich in die Paulskirche ein. Im großen ovalen Versammlungsraum sollen sich zur Eröffnungssitzung etwa 2000 Menschen befunden haben, die den ersten Reden und Debatten folgten. Viele Frauen waren dabei.

Die Vorstellung aber, es hätten eine Frau oder gar mehrere mit einziehen können in die Paulskirche, hätten Sitz und Stimme gehabt in diesem Parlament, war noch weit von jeder Wirklichkeit entfernt. Das Interesse aber, das viele Frauen an dem politischen Geschehen in Frankfurt entgegenbrachten, war erstaunlich und schien vielen Männern ein neues – vielleicht bedrohliches – Phänomen zu sein. Der amerikanische Historiker Stanley Zucker hat sich mit dem Thema »Deutsche Frauen in der Revolution von 1848« befaßt. Revolutionen, so sei die allgemeine Mei-

Politischer Damenclub im Jahr 1848. Eine Karikatur von W. Köhler.

nung der Historiker, ermöglichten oft früher ausgebeuteten oder ignorierten Gruppen der Gesellschaft, sich in den Vordergrund zu drängen. Auch Frauen hätten dazu gehört. Clotilde Koch-Gontard, in deren Salon während der Zeit des Paulskirchen-Parlaments die bekanntesten Politiker verkehrten, hat es einmal in der »Deutschen Zeitung« so definiert: »Doch höre ich sagen: Es ist mit dem Weibergeschätz wieder kein Ende, in die Kinderstube und an den Strickstrumpf gehört die Frau, der Mann nur ist berufen zum Handeln nach außen. Jetzt weniger als jemals noch mag ich meine Stellung in dieser Beziehung begreifen, und es macht mir recht viel Mühe, die Küche als Hauptschauplatz meiner Tatkraft anzusehen.«

»Politische Salons« waren in Frankfurt im Jahr 1848 beliebte Treffpunkte. Ohne Zweifel war der im Hause Koch – Clotilde war mit dem Kaufmann und britischen Konsul Robert Koch verheiratet und hatte fünf Kinder – der bekannteste und lebhafteste. Ein befreundeter Abgeordneter hatte sie, die gerade 35 Jahre alt war, als »Mutter des Parlaments« bezeichnet. Im Jahr 1850, als die Arbeit des Parlaments gescheitert war, schrieb sie an Heinrich von Gagern, den ersten Präsidenten der Nationalversammlung, dem sie freundschaftlich verbunden war: »Es ist ein sonderbar Ding um die vornehmen politischen Salons. So viel Anmut und so viel Falschheit, so viel feiner Kleister und so viel schmutzige Gemeinheit.« Mit dem Parlament sah auch sie ihre Aufgabe gescheitert.

Clotilde Koch-Gontard nahm fast täglich an den Parlamentssitzungen teil. Sie war nicht allein. Die »Damengalerie« in der Paulskirche war, glaubt man zeitgenössischen Berichten, fast immer vollbesetzt. Am häufigsten nahmen natürlich die Ehefrauen der Abgeordneten, die mit ihren Männern zum Teil von weit hergereist waren, an den Sitzungen teil. Auch auf dieser Galerie gab es deutlich erkennbare politische Richtungen. Die meisten Frauen zog es zum linken Flügel, sie saßen genau gegenüber von den Demokraten. Louise Zimmermann, Frau eines Stuttgarter Abgeordneten, berichtete, daß auch andere Frauen aus allen sozialen Schichten den Debatten mit »feurigem Interesse« folgten. Als im August 1848 die Debatte um die Amnestie für den flüchtigen Revolutionär Friedrich Hecker geführt wurde, entstand eine solche Unruhe auf der Frauengalerie, daß diese gewaltsam geräumt werden mußte.

Stanley Zucker befaßt sich in seinen Ausführungen, die im Band 61 des »Archivs für Frankfurts Geschichte und Kunst« abgedruckt wurde, mit einer ganzen Reihe von Abgeordnetenfrauen, die auf ihre Weise in die hohe Politik eingriffen. Genannt sei hier nur Antje Brons aus Emden, die ihrem Mann, einem Großhändler und Reeder, erklärte: »Wo bleibt die Freiheit, wenn man sich scheuen muß, auch nur die halbe Wahrheit zu sagen?« Nach der Hinrichtung des Abgeordneten Robert Blum wagte sie die Prophezeiung: »Es geschieht nichts Neues unter der Sonne, und würde heutzutage etwas Neues, etwas Unerhörtes in der Weltgeschichte geschehen, wenn eine Revolution wie die unsrige, durch bloße Worte angefangen, durch Worte beendigt werden solle? Nein, so leicht hat es das Schicksal noch keinem Volk auf der Erde gemacht, und deshalb wird es auch Deutschland nicht die neuen Freiheiten in den Schoß werfen, bis es die Feuerprobe bestanden und gezeigt hat, ob die notwendige Kraft und die geistige Gereiftheit in ihm wohnen, die solche Freiheiten verlangen.«

Des Friedrich Stoltze Flucht aus Königstein

Friedrich Stoltze, geboren am 21. November 1816 in Frankfurt, gestorben am 28. März 1891 in seiner Heimatstadt, war als Poet, Schriftsteller und schreibender Herausgeber der »Frankfurter Latern«, eines »illustrierten-satirischen, humoristisch-lyrischen, kritisch-räsonierenden, ästhetisch-annoncierenden« Wochenblattes, ein Repräsentant des 19. Jahrhunderts in dieser Stadt. Nach seinem Tode folgte ganz Frankfurt seinem Sarg. Ein Zeitgenosse berichtete: »Tausende und abertausende folgten dem Sarge, und unabsehbar wogte die Menge in den Straßen, durch welche der Zug sich bewegte. Nicht ein Bruchteil, eine Schicht oder eine Klasse der Bevölkerung, es war die Stadt, die einen der Besten und Bravsten, die ihr Boden hervorgebracht, zur Ruhe bestattete.«

Stoltze hatte ein »bewegtes Leben« – zum Teil im wörtlichen Sinne – hinter sich, was nicht hinderte, in Reimen und Prosa die heiter-besinnliche Seite der Stadt in ihrer bürgerlichen Gediegenheit mit liebevoller Ironie zu schildern. Daß so ein freiheitlich denkender Publizist im Jahrhundert des Aufbruchs und der politischen Veränderungen mit den herrschenden Mächten in Konflikt geraten mußte, war gar nicht außergewöhnlich. Als im Jahr 1866 die Preußen Frank-

Das Prießnitzbad in Königstein war in ganz Frankfurt bekannt als »Kaltwasserbad«, wo Dr. Georg Pingler mit den damals neuesten Behandlungsmethoden große Erfolge erzielte. Einer der prominentesten Gäste war Friedrich Stoltze, der freilich auch viel Ärger hatte.

furt annektierten, machte sich Stoltze, dessen Feindbild Nummer eins Otto von Bismarck war, aus dem Staube. Er hielt sich in Stuttgart auf, bis er nach Erlaß einer Amnestie in die Heimatstadt zurückkehren konnte.

Auf der Flucht sah man Friedrich Stoltze schon im kalten Februar des Jahres 1860, als er eine Kur in Königstein am Taunus abbrechen mußte und bei Nacht und Nebel nach Frankfurt eilte, dem einzigen Ort in der ganzen Umgebung, wo kein Haftbefehl gegen ihn bestand. Angetan mit »e paar dinne gewebte Unnerhose, e Nachtjoppel von meiner Mary un e paar Straminpandoffele mit niddergetretene Kappe, ohne jed Koppbedeckung« eilte er durch knietiefen Schnee im Taunus, um Freunde zu treffen, die ihn mit schnellem Wagen in die schützende Heimat bringen sollten.

Die Verfolgung des Frankfurter Dichters und Journalisten begann schon einige Jahre vorher. In einem kurzen Lebenslauf heißt es zusammengefaßt: »Wegen Redaktionsmitarbeit an dem in Hessen verbotenen ›Volksboten für Rhein und Main‹ wird in Offenbach Strafbefehl gegen Stoltze erlassen, so daß er in den folgenden Jahren das Gebiet des Freistaats Frankfurt nicht verlassen konnte.« Kreisrat Willich in Offenbach erließ einen Steckbrief, der an alle hessischen Polizeistellen ging: »Der unten näher signalisierte Friedrich Stoltze von Frankfurt a. M. ist im Betretungsfalle sofort zu verhaften und nach Offenbach abzuliefern.« Stoltze befand sich auf einem Spaziergang und war hinter der Friedberger Warte schon fast auf hessischem Gebiet, als er von dem Steckbrief erfuhr.

Im Winter 1859/60 wurde Stoltze krank. Medizinalrat Dr. Pingler, der »Wasserdoktor«, empfahl eine Wasserkur in Königstein, das im Herzogtum Nassau gelegen war. »Die Kur war hart, aber sie hat geholfen«, berichtete Stoltze aus Königstein. Und er zählte später in der von ihm bevorzugten Muttersprache: »Am Weihnachtsawend kam mei Döchterche Lyda nach Königstaa un bracht mer e brennend Christbaamche. Wenigstens aans von meine Kinnerscher bei mer zu hawwe, hat mich ganz glicklich gemacht. – Awwer es stande aach allerneueste Vatterfreude bevor, un dessentwege mußte mer uns nach ere Privatwohnung umsehe.« Man fand sie, und wenig später verkündete Stoltze stolz: »Am 17. Januar beschenkte mich mei Mary widder emal mit eme junge Sohn (des geheert alles zu ere Kaltwasserkur).« Die Frankfurter und auch Königsteiner feierten den jüngsten Nachwuchs des außergewöhnlich populären Mannes. Selbst in den Fastnachtszügen war er dabei. Stoltze vermerkte: »Des alles kam nadierlich in die Zeitung, un der Herr Kreisrath Willich von Offebach scheint's auch gelese zu hawwe.«

Am 26. Februar erhielt der herzoglich-nassauische Amtmann von Langen in Königstein den Befehl, Stoltze auf Requisition des Offenbacher Landgerichts sofort zu verhaften. Proteste der Ehefrau und des »Wasserdoktors« Pingler veranlaßten den Landrat, einen Tag zu warten, doch den Haftbefehl aufheben konnte er nicht. Über die nächtliche Flucht von Königstein hat Stoltze später berichtet. Hier die dramatischste Szene: »In der Näh von eme Staabruch, net weit derrvo, wo sich der Paffestaa erhebt, bin ich iwwer en klaane Felsblock gesterzt ... un in große Spring weitergeloffe, quer iwwer de Falkestaaner Weg un iwwer de Falkestaaner Bach, wo ich, zu Verännerung, eigebroche bin. Sie war nur e paar Zoll tief, un kalte Fußbäder warn mer von de Wasserkur her nix besonnersch Iwwerraschendes. Von da aus bin ich iwwer en Acker un dann dorch die Hinnerdihr in de Gaarte vom Hotel Lyon.« Da warteten die Freunde: »Awwer doch e bissi iwwer mein Aablick erschrocke. Ich muß en beese Schatte geworfe hawwe.« Eine Kutsche brachte den Flüchtling in halsbrecherischer Fahrt nach Frankfurt.

Es gab noch einiges Gerangel um die Vollstrekkung der Festnahme, am Ende aber entschied Herzog Adolf von Nassau, daß Friedrich Stoltze seine Kur in Königstein ungehindert fortsetzen könne. Er blieb mit Frau und Kindern bis zum Oktober und kehrte als gesunder Mann nach Frankfurt zurück.

Allerliebste Kanonen aus Dragée

Clara Mumm von Schwarzenstein, Ehefrau des Oberbürgermeisters von Frankfurt, schrieb am 11. Mai 1871 in ihr Tagebuch: »Noch im Bette liegend wurde ich durch ein fürchterliches Gepolter und gleich darauf Schreien von Heinrich (so hieß ihr Mann) herausgejagt: Willi (der sechsjährige jüngste Sohn) war kopfüber die glattgewichste Treppe heruntergestürzt. Gott sei tausend Dank, daß es so gnädig abging! Wahrscheinlich hat der Ranzen den Fall des Kindes gehemmt ...«

Mit dieser Aufregung begann im Hause Mumm von Schwarzenstein am Oeder Weg 56 ein denkwürdiger Tag. Fürst Bismarck hatte seinen Besuch angemeldet. Er wurde um sechs Uhr am Abend mit Gefolge zum Diner erwartet. Es galt, den am 10. April abgeschlossenen Frieden von Frankfurt zu feiern. Fürst Otto von Bismarck, der als Vertreter des deutschen Kaisers nach Frankfurt gekommen war, hatte gemeinsam mit dem französischen Außenminister Jules Favre den Friedensvertrag unterschrieben, der den deutsch-französischen Krieg beendete. Bereits am 28. Januar 1871 war in Versailles bei Paris Wilhelm I. zum deutschen Kaiser proklamiert worden.

Frankfurt war seit knapp fünf Jahren preußisch. Die Aufregung über die Annektion im Jahr

Die Festtafel im Hause Mumm von Schwarzenstein am 10. Mai 1871 aus Anlaß des »Friedens von Frankfurt«. Clara Mumm von Schwarzenstein, die Hausherrin, sitzt neben dem Fürsten Bismarck, der gerade eine Tischrede hält. Tochter Marie hat die Szene festgehalten.

1866, die preußische Besatzung, die auferlegten Kontributionen und vieles andere hatten sich inzwischen einigermaßen gelegt. Die Abneigung gegen alles Preußische war zwar bei vielen Bürgern noch lebendig, aber doch nicht mehr so deutlich. Daniel Heinrich Mumm von Schwarzenstein war seit drei Jahren Oberbürgermeister. Er sollte in seiner Amtszeit, die bis 1880 dauerte, eine Reihe neuer Pläne entwickeln und neue Aufgaben anpacken. Frankfurt war auf dem Weg zu einer modernen Großstadt. Daß Bismarck den Friedensschluß ins »Hotel zum Schwan« nach Frankfurt verlegte, hatte seinen Hintergrund: Er wollte die Frankfurter an einem wichtigen Ereignis der Weltgeschichte teilhaben lassen.

Clara Mumm von Schwarzenstein hatte jedenfalls alles sorgfältig vorbereitet für die Feier im Haus Oeder Weg 56. Sie schrieb in ihr Tagebuch: »Die lange Tafel schmückte rundherum ein Lorbeerkranz mit Maiblumen und roten Apfelblüten, in der Mitte prangte der schöne silberne Aufsatz, ebenfalls mit Lorbeer, Palmen und Vergißmeinnicht ausgefüllt. Zu beiden Seiten des Mittelstücks erhoben sich Aufbaue von Conditor Bütschly (damals das erste Haus am Platze). Der eine stellte einen Tempel von Croquant dar, die Säulen von rot und weißem Gerstenzucker, das Dach, mit einem kleinen Eichenkranz verziert, trug weiße Schilde mit den Inschriften: Paris, Wörth, Sedan, Metz – umgeben von einem Kranz kleiner Kanonenkugeln und allerliebsten Kanonen aus Dragée. Der Sockel des Ganzen war geschmückt mit den Dragéebüsten der Helden, sowie den Dragéefahnen. Das Ganze sollte Krieg bedeuten. Der zweite Aufsatz stellte einen Friedenstempel dar, ungefähr wie der erstere, nur statt der Dragéebüsten waren verschiedene deutsche Wappen und Fahnen vertreten. Das Ganze gekrönt von einer Kaiserkrone.«

Georg Mumm von Schwarzenstein, der Enkel der Gastgeberin, der die Aufzeichnungen als Büchlein herausgegeben hat, schrieb in einer Anmerkung dazu: »Die Allegorien von Krieg und Frieden und die Verniedlichung in Gerstenzukker der schrecklichen Kriegswaffen durch den Konditormeister Bütschli können nicht darüber hinwegtäuschen, daß der Sieg mit gewaltigen Verlusten erkauft werden mußte. Auf deutscher Seite 49000 und auf französischer Seite 139000 Tote und viel Elend und Not.«

Das Essen verlief harmonisch und schmeckte den Gästen (auf dem in deutscher Sprache verfaßten »Speisezettel« standen 18 Gerichte). Clara Mumm von Schwarzenstein saß an der Seite des Fürsten Bismarck, der lebhaft mit ihr plauderte. Schließlich ergriff der Hausherr das Wort: »Die Anwesenheit des Herrn Reichskanzlers in hiesiger Stadt ist, nach dem, was sich im Laufe des Tages zugetragen hat, ein Ereignis von weittragender historischer Bedeutung. Abgesehen davon hat die Anwesenheit des Reichskanzlers in hiesiger Stadt, in der er sich trotz langjähriger Abwesenheit hoffentlich nicht fremd fühlen werde, zur großen Freude gereicht.«

Und Bismarck sprach die versöhnlichen Worte: »Es hat mir große Freude gemacht, wieder in Frankfurt zu sein, wo ich immer gerne gewesen bin, und daß gerade die erste völkerrechtliche Aktion des wiedererstandenen Deutschen Reiches in der alten Krönungsstadt vor sich geht. Ich hoffe, der Friede von Frankfurt wird zugleich ein Friede mit Frankfurt und für Frankfurt sein.«

»E halb Dutzend Nullche« für die Oper

Emil Claar, der 33 Jahre lang Intendant der Städtischen Bühnen in Frankfurt war, hatte als solcher auch die Aufgabe, gemeinsam mit Oberbürgermeister Johannes von Miquel Kaiser Wilhelm I. mit den Prinzen Friedrich und Heinrich am Eingang des Opernhauses zu empfangen. Die hohen Herrschaften waren am 20. Oktober 1880 eigens aus Berlin zur Eröffnung gekommen. Emil Claar erinnerte sich später: »Beim Betreten des strahlenden Treppenhauses sah Kaiser Wilhelm, lange stehenbleibend, in die Höhe und sagte zu mir: ›Das könnte ich mir in Berlin nicht erlauben.‹« Der Satz ist in Frankfurt zum geflügelten Wort geworden. Doch gab es auch Stimmen, die da fragten: »Kann sich Frankfurt überhaupt so einen Luxus wie diesen Prachtbau erlauben?«

Am 14. Dezember 1869, drei Jahre nach der Annektion der Stadt durch die Preußen, hielt der Oberbürgermeister Heinrich Mumm von Schwarzenstein vor den Stadtverordneten eine grundsätzliche Rede, die so begann: »Jahrzehnte hindurch war man dahin bestrebt, durch tunlichst vermehrte Rückzahlung der vorhandenen Schulden die finanzielle Lage der Stadt zu kräftigen und der höchst möglichen Blüte entgegenzuführen ... Die Folge war, daß Frankfurt in sei-

Im Foyer des Frankfurter Opernhauses. In der »Illustrierten Zeitung« von Leipzig erschien im Jahr 1902 das Bild »nach dem Leben gezeichnet von W. Gause«.

ner Entwicklung als Stadt zurückblieb, und in bezug auf Bauten und Unternehmungen, die dem öffentlichen Nutzen wie der Verschönerung der Stadt und der Annehmlichkeit ihrer Bewohner dienen, von anderen Städten weit überflügelt wurde ...«

Eine lange Reihe von notwendigen Neubauten und Einrichtungen führte der Oberbürgermeister auf und kam schließlich auf ein Thema, das schon lange in der Luft lag: »Frankfurt entbehrt eines der Größe und Bedeutung der Stadt wie den Anforderungen des guten Geschmacks entsprechenden Theatergebäudes. Was ein diesen Erfordernissen genügendes Opernhaus für den

Verkehr und den Wohlstand einer Stadt wert ist, darüber geben die bedeutenden Opfer Belehrung, welche man in Städten von gleichem und selbst geringerem Range zur Herstellung solcher Theatergebäude zu bringen für angemessen und nützlich erachtet ...«

Heinrich Mumm von Schwarzenstein appellierte nicht vergebens an die Spendenfreudigkeit der Frankfurter. Schon bald nach dem Aufruf hatten sich 67 wohlhabende Bürger verpflichtet, 480 000 Gulden zu spenden. Die Stadt bot als Gegenleistung an, den Beitragszeichnern »von je 10 000 Gulden für sich und ihre Rechtsnachfolger ein auf die Dauer von 99 Jahren wirksames Anrecht auf den Besitz einer viersitzigen Loge im Parterre oder Ersten Rang« zu gewähren. Für 5000 Gulden gab es eine halbe Loge.

Der erste Plan, das Haus an der Stelle des Rahmhofs zu errichten, wurde verworfen, der Platz am Bockenheimer Tor schien geeigneter. Eine Jury, die vorgelegte Pläne beurteilte, entschied sich für den des Berliner Architekten Richard Lucae. Sein Stil war die klassizistische Schule des berühmten Karl Friedrich Schinkel. Am 6. Juni 1872 stimmten die Stadtverordneten dem Objekt zu. Lucae schätzte die finanziellen Aufwendungen auf 1 200 000 Gulden, was etwa zwei Millionen Mark entsprach. Als der Bau fertig war, hatte er vier Millionen Gulden gekostet, hinzu kamen 520 000 Gulden für das Kulissenhaus und 545 000 Gulden für die Bühneneinrichtung. Frankfurter Bürger hatten rund eine Million Mark gestiftet.

In Frankfurt war es Tagesgespräch. Der satirisch-kritische Chronist Friedrich Stoltze befaßte sich natürlich in seiner »Frankfurter Latern« mit dem Thema, sein Sohn Adolf gab sogar »Frankfurter Eröffnungsblätter« heraus. Friedrich Stoltze hat Goethes Wort vom »Wahren Schönen Guten«, das den Giebel des Hauses zierte, leicht verändert, so daß ein »Dem Guten Schönen Baren« herauskam. Aus dem Spott des Satirikers klingt eher Verständnis, denn im Grunde waren alle Frankfurter stolz auf ihr neues Opernhaus. Und was ist schon »e halb Dutzend Nullche«, vor denen freilich noch eine gediegene Zahl steht, die sie zu einigen Millionen macht? Zu den Sitzreihen im Opernhaus meinte Stoltze: »Zu schmal sin die Sitz nerjends in dem neuen Opernhaus, aber die Mensche sin zu dick.«

»Frankfurt hat gestern Besitz ergriffen von einem der herrlichsten Bauwerke der Gegenwart«, schwärmte der Korrespondent der Frankfurter Zeitung, »von einem der schönsten Theater Europas. Bürgersinn, wie er nirgends reiner und schöner gefunden werden kann, schuf da ein Denkmal, würdig der Stadt, da es geworden ...«

Miquel und Adickes: Oberbürgermeister und Ehrenbürger

Tausende von U-Bahnfahrern, die täglich, aus Frankfurts Norden kommend, zu ihrem Arbeitsplatz fahren, hören die Stationsangabe wahrscheinlich nur noch im Unterbewußtsein: »Miquel-Adickes-Allee«. Es sind die Namen der beiden Oberbürgermeister, die in einer entscheidenden Phase der Frankfurter Stadtgeschichte im Amt waren. Es war die Zeit, in der sich Frankfurt von der damaligen »Freien Stadt«, die 1866 von Preußen annektiert worden war, zur Groß- und Industriestadt entwickelte und jene Mittelpunktfunktion einzunehmen begann, die sie heute noch auszeichnet. Johannes von Miquel war von 1880 bis 1890 Oberbürgermeister, Franz Adickes von 1890 bis 1912. Beide waren Norddeutsche. Die Frankfurter benannten zwei Abschnitte des Alleenrings, der im Lauf der Stadterweiterung entstanden war, nach diesen beiden Oberbürgermeistern. Beide waren Ehrenbürger der Stadt.

Johannes von Miquel wurde 1828 in Neuenhaus, einem Ort im Königreich Hannover, geboren. Als junger Mensch neigte er zum Marxismus, war dann aber sein Leben lang nationalliberaler Politiker. Leopold Sonnemann, Gründer der Frankfurter Zeitung und Führer der demo-

Johannes von Miquel, Oberbürgermeister von 1880 bis 1890.

kratischen Volkspartei, war auf den damaligen Oberbürgermeister von Osnabrück aufmerksam gemacht worden und schlug ihn für Frankfurt vor. Am 26. Dezember 1879 wurde er mit großer Mehrheit von den Frankfurter Stadtverordneten gewählt.

Eine der ersten feierlichen und öffentlichen Amtshandlungen des Johannes von Miquel war die Eröffnung des Opernhauses in Anwesenheit des Kaisers und des Kronprinzen. Das Haus war nicht sein Werk, sondern das seines Vorgängers Heinrich Mumm von Schwarzenstein, der aus dem Amt ausgeschieden war. Die Frankfurter erzählten sich gern die Geschichte vom Justizrat Dr. Humser, der auf die Frage Miquels, wieviel denn das Opernhaus gekostet habe, gesagt haben soll: »Des is e Frankforter Geheimnis.« Als Kronprinzessin Victoria den Oberbürgermeister fragte, was er denn aus Frankfurt zu machen gedenke, sagte dieser: »Nichts Neues, nur das historisch Gewordene sich weiter entwickeln helfen.«

Das Begrüßungsgedicht, das Friedrich Stoltze kurz nach der Oberbürgermeisterwahl in seiner »Frankfurter Latern« veröffentlichte, war nicht sehr ermutigend für den neuen Mann: »Im Saal zum Alten Limpurg mit dem berühmten Reim / Da tagten Frankfurts Väter. Die Sitzung war geheim. / Da saßen sie und sannen tief bis nach Osnabrück / Und kürten und gewannen ein unbekanntes Glück. / O Miquel! Du kannst lachen!

Verstehest du auch die Kunst / Aus Dreck uns Gold zu machen? Der Liebe Müh' umsonst! / Verstehst du dich aufs Nicken, wenn das Haus Limpurg spricht? / Verstehst du dich auf Cliquen? Sonst komme lieber nicht ...« Miquel verstand, »aus Dreck Gold zu machen«. Er brachte Ordnung in die Finanzen, schuf volle Kassen und einen funktionierenden Verwaltungsapparat. An große Vorhaben aber wagte er sich nicht recht heran.

Als Kaiser Wilhelm II. 1889 zum erstenmal nach seinem Regierungsantritt Frankfurt besuchte, hatte er ein längeres Gespräch mit dem Oberbürgermeister, an dessen Ende er sagte: »Sie sind mein Mann!« Miquel wurde preußischer Finanzminister. In seiner Abschiedsrede vor den Stadtverordneten sagte er: »... daß meine Gedanken sich oft nach Frankfurt richten werden, daß ich mich nicht losgerissen und getrennt von Ihnen fühlen kann, daß mein Gemüth, meine Gefühle, mein Interesse, solange ich lebe, nach der alten Kaiserstadt am Main sich richten werden.« Nach seinem Rücktritt in Berlin zog Miquel wieder nach Frankfurt. Er starb hier am 8. September 1901.

Große Popularität errang im Laufe der 22 Jahre seiner Amtszeit Oberbürgermeister Franz Adickes. Der Frankfurter Volksmund nannte den hohen Turm des neuen Rathauses den »langen Franz«, anspielend auch auf die Körpergröße des Stadtoberhauptes. Eine Auszeichnung durch das

Volk, die vielleicht ebensoviel wert war wie der »Ehrenbürger«. Als er 1890 sein Amt antrat, zählte Frankfurt 180 000 Einwohner, als er 1912 zurücktrat (»... mein Gesundheitszustand gestattete es mir nicht mehr, mein Amt mit derjenigen Frische, Energie und Initiative zu führen und nach außen zu vertreten, die ich für erforderlich halte«) waren es 440 000. Frankfurt war zur beachtlichen Großstadt geworden, 15 Orte waren eingemeindet worden. Industriebetriebe hatten sich angesiedelt, familiengerechte Siedlungen, Schulen, Sport- und Spielplätze, Volksparks und neue Verkehrsanlagen mußten geschaffen werden. Vor allem für die vielen Zuwanderer, die im Zuge der »Landflucht« in die Großstadt kamen.

Franz Adickes war ein Friese, wurde am 29. Februar 1846 in Harsefeld bei Stade geboren. Als er am 4. Februar 1915 in Frankfurt gestorben war, kam eine Postkarte mit seinem Bild auf den Markt, unter dem seine Leistungen für die Stadt in zwölf Punkten aufgeschrieben waren: 1. Die Erschließung der Altstadt, 2. Der Rathaus-Neubau, 3. Stadterweiterung und äußerer Ausbau der Stadt, 4. Ausbau der Liebighaus-Galerie, 5. Die Fürsorge für milde Stiftungen, 6. Das Institut für experimentelle Therapie, 7. Die Fortentwicklung der wissenschaftlichen Institute, 8. Der Ankauf des Höchster Porzellans, 9. Die Eingemeindung des gesamten Landkreises, 10. Die Durchführung des Osthafen-Projekts, 11. Die Errichtung der Festhalle, 12. Die Gründung der Frankfurter Universität.

Eine freie Universität, aus Stiftungen getragen, war der Traum seines Lebens. Franz Adickes war zwar nicht mehr im Amt, konnte aber die Eröffnung im Oktober 1914 noch erleben. Wenige Wochen später starb er.

Eine »Kathedrale neuen Menschentums«

In der Nacht zum 18. August 1888«, so heißt es in einer Frankfurter Chronik, »legten 1200 Arbeiter bei Fackelschein die letzten Verbindungsgleise des neuen Hauptpersonenbahnhofs, der nach den Plänen von Hermann Eggert in zehnjähriger Bauzeit von der Frankfurter Baufirma Philipp Holzmann & Cie. mit drei (später fünf) Hallen errichtet wurde. Die ganze Nacht brannten zum erstenmal die elektrischen Lampen. Am Morgen um 5.06 Uhr Berliner Zeit (4.47 Uhr Frankfurter Zeit) fuhr der Hamburg–Frankfurter Zug 306, gezogen von der mit Adler und Blumen geschmückten Lokomotive Nr. 426 unter brausenden Hurrarufen in die neuen Frankfurter Bahnhofhallen ein.« Ohne Zweifel ist in diesem »Dreikaiserjahr« – nach dem Tod Wilhelms I. regierte Friedrich III. nur 99 Tage, bevor er einem Kehlkopfleiden erlag, ihm folgte Wilhelm II. – für Frankfurt ein neues Zeitalter angebrochen, aber auf eine einheitliche Uhrzeit hatte man sich in Preußen offenbar noch nicht geeinigt.

Eisenbahnen fuhren damals von Frankfurt aus schon seit fast fünfzig Jahren. Viele Abgeordnete der Nationalversammlung waren 1848 mit der Bahn gekommen, zum Fürstentag 1863 kam Kaiser Franz Joseph aus Wien auf dem Main-Nek-

Der Frankfurter Hauptbahnhof zu Beginn des 20. Jahrhunderts.

kar-Bahnhof an. Bereits 1843 steht in einer Reisebeschreibung von Hänle und Spruner ein Bericht über den Bahnhof der Taunus-Eisenbahn, etwa dem Gallustor gegenüber. Als ein »prächtiges Werk der Neuzeit« wurde der Bahnhof gepriesen: »Dieses luxuriöse Gebäude, das mit einem Aufwand von 100000 Gulden errichtet wurde, ist mit ebensoviel Geschmack im Innern und Äußern als Bequemlichkeit für die Wartenden eingerichtet. Im Jahr 1842 wurden 813100 Personen, 11534 Traglasten, 1435 Equipagen, 4795 Stück Schlachtvieh und 3665 Hunde auf dieser Bahn befördert, wobei im ganzen Dienstjahre kein einziger Unglücksfall vorkam.« Dabei ist zu bedenken, daß zu den genannten Equipagen auch die notwendigen Pferde gehörten. Reisende, die über die Endstation hinaus fahren wollten, mußten in ihre Equipagen umsteigen. Ein Schienennetz im heutigen Sinne gab es noch nicht.

Der erste Zug von Frankfurt aus fuhr auf der Taunusbahn. Bei einer Probefahrt am 23. Juni 1839 – vier Jahre nach dem denkwürdigen Beginn zwischen Nürnberg und Fürth – blieb die Lokomotive stehen. Die Aktionäre, die als Ehrengäste mitfuhren, halfen beim Ziehen, als es galt, den nächsten Bahnhof zu erreichen. Die Eisenbahnen waren im Besitz von Aktiengesellschaften, wurden erst später zum Teil vom preußischen Staat übernommen. Drei Bahnhöfe standen am westlichen Rand der heutigen Taunus- und Gallusanlage: Der Taunusbahnhof, der Main-Neckar-Bahnhof und der Main-Weser-Bahnhof. Nach und nach kamen weitere Linien mit eigenen Bahnhöfen hinzu, so die Offenbacher, die Hanauer und die Homburger Bahn, die hessische Ludwigsbahn und die städtische Verbindungsbahn. 1868 wurden die Bebraer Bahn und der Südbahnhof eröffnet.

Frankfurt brauchte einen Zentralbahnhof. Der Gedanke kam schon in der Mitte der sechziger Jahre des vergangenen Jahrhunderts auf. Man war sich einig, daß ein solcher Bahnhof im näheren Umkreis der alten Stationen entstehen müsse. Am 8. September 1979 kam die offizielle Genehmigung zum Baubeginn aus Berlin, am 1. April 1880 wurde die Königliche Eisenbahndirektion Frankfurt gegründet. Das Werk begann.

Der Frankfurter Hauptbahnhof, damals Europas größte Bahnstation, war ein Musterbeispiel eines technisch durchdachten und modernen Zweckbaus seiner Zeit. Der französische Dichter Theophile Gautier hatte einmal gesagt, Bahnhöfe seien die Kathedralen des neuen Menschentums. Der Frankfurter Denkmalpfleger Heinz Schomann befaßt sich in seinem Werk »Der Frankfurter Hauptbahnhof« unter dem Titel »Tempel oder Kathedrale, Burg oder Schloß – Funktion und Form des Empfangsgebäudes« mit dem Thema. Es gab da Leitbilder: Der Belvedere und die Karlskirche in Wien, aus der Antike die Maxentiusbasilika in Rom, den Konstantinbogen, die Caracallathermen. Prunkfassaden übertrafen sich gegenseitig in eingereichten Vorschlägen. Acht Türme zeigte Oskar Sommers Plan, Friedrich Thierschs Vorstellung war ein ins Monumentale verzerrter Triumphbogen, wie von Leuchttürmen war der Palazzo in Paul Wallots Entwurf eingerahmt, Otto Warths drei Bahnsteighallen glichen Zirkuskuppeln.

Drei Männer gestalteten schließlich Frankfurts Hauptbahnhof in seiner Pracht und Harmonie: Alfred Hottenrotts Lebenswerk sind die Stations- und Gleisanlagen, Hermann Eggert war der Architekt des Empfangsgebäudes, Johann Wilhelm Schwedler konstruierte die Peronhalle. Ein architektonisches Meisterwerk, das noch heute allgemeine Bewunderung erregt.

»Die galante und begierige Gebärde zur Stadt hinüber«

Alsbald entstand zwischen Bahnhof und Anlagen der neue Stadtteil auf einen Sitz. Eine geplante Stadt. In drei Jahren war die Kaiserstraße gebaut.« Stadtrat Hanns Adrian, der von 1972 bis 1974 Planungsdezernent im Frankfurter Magistrat war, sagte es zum Entstehen des Bahnhofsviertels. Anfang der siebziger Jahre gab es heftige Diskussionen um die Zukunft dieses Stadtquartiers, in dem erstaunlich viel alter Baubestand erhalten ist. Der Stadtrat aber wußte auch dies: »Die Kaiserstraße war die galante und begierige Gebärde zur Stadt hinüber.« Das war vor hundert Jahren.

Der neue Hauptbahnhof, der zunächst etwas abseits gelegen schien, fand mit einer verblüffenden Geschwindigkeit den Anschluß an die Innenstadt. Als Anfang Mai 1889 als erster königlicher Gast Umberto I. von Italien am Hauptbahnhof ankam, konnten sich die Gardekompanien aus der Gutleut-Kaserne bereits auf der trassierten Kaiserstraße zur Parade formieren. Kaiser Wilhelm II. besuchte Frankfurt am 10. Dezember 1889 zum erstenmal. Um diese Zeit waren schon 276 Bauplätze auf dem Gelände zwischen Hauptbahnhof und Gallusanlage verkauft.

Das 20. Jahrhundert war noch nicht angebrochen, da hieß es in einem Zeitungsbericht: »Die

Das Frankfurter Bahnhofsviertel mit dem Platz »Am Hauptbahnhof«. Das Foto wurde 1936 aufgenommen.

Ränder der Kaiserstraße säumen prächtige Büro- und Geschäftshäuser, deren Erdgeschosse ausdrücklich Läden beherbergen. Zwei Baumreihen zieren die Straße und machen sie zur ungemein beliebten Promenade. Die Kaiserstraße bildet die Achse eines repräsentativen Stadtteils mit herrschaftlichen Attitüden nach wilhelminischer Art.«

Die »Jeunesse dorée« traf sich in den Cafés des neuen Viertels. Da war das »Nachtrab« in der Moselstraße 15, das »Eldorado« an der Ecke Mosel- und Taunusstraße, wo »feinste Bedienung« versprochen wurde, das »Orient« in der Kaiserstraße oder die »Rose« in der Moselstraße 51, die ausdrücklich »Fesche Damenbedienung, separates Weinzimmer« in ihren Inseraten anpries. Im »Alcazar« trafen sich Intellektuelle und leichte

Mädchen. Ein Bahnhofsviertel also wie viele andere in der Welt.

Immer heller strahlten die Lichter am Bahnhofsvorplatz. Im Jahr 1905 eröffnete das Schumann-Theater direkt gegenüber dem Hauptbahnhof. Die Jugendstilfassade war einmalig und hochmodern. Das Haus, von Zirkusdirektor Albert Schumann gebaut, faßte 5000 Zuschauer. Die Pracht dieses einmaligen Varietétheaters veranlaßte Oberbürgermeister Franz Adickes, vor den Stadtverordneten zu erklären: »Mit der Eröffnung des Schumann-Theaters ist Frankfurt erst zur Großstadt geworden!« Die berühmtesten Artisten aus der ganzen Welt waren zu Gast.

Das große Schauvergnügen zu Beginn dieses Jahrhunderts war die Kunst der laufenden Bilder. 1906 wurden die ersten zwei Kinos auf der Kaiserstraße eröffnet. Schon gab es Ärger. Bei einer Kontrolle entdeckte die Polizei in einem Kino 28 Jugendliche unter 16 Jahren ohne erwachsene Begleitung. Es kam zum Prozeß. Das Gericht begab sich zum Ortstermin. Vorgeführt wurden »Romeo und Julia«, »Genoveva«, »Richard III.« und »Im Reich der Diamanten«. Das Gericht befand, daß »zweifellos das wissenschaftliche Interesse und der künstlerische Genuß überwiegen.«

Polizei und Gesundheitsbehörden hatten andere Sorgen: Mehr als 600 Prostituierte waren in Frankfurt bekannt, davon die Hälfte im Bahnhofsviertel. Die schreckliche Krankheit Syphilis breitete sich immer stärker aus. Man wußte sich nicht davor zu schützen. In einem Bericht hieß es: »Die Dirnen sind polizeilich in drei Klassen geteilt. Die der dritten müssen jeden Dienstag, die der zweiten jeden zweiten Freitag zu polizeiärztlichen Kontrolle kommen, während die Untersuchung der Dirnen erster Klasse alle 14 Tage in deren Wohnungen stattfindet.«

Im Sommer 1912 versammelten sich rund 2000 Männer, um gegen die Kasernierung der Prostituierten in diesem Gebiet zu protestieren. Auch der Verband der Frauenvereine hatte zum Protest aufgerufen, ebenso der interkonfessionelle Verein zur Hebung der Sittlichkeit. Nach Plänen der Polizei sollte die Gneisenaustraße südlich vom Bahnhof (heute Mannheimer Straße) in ein großes Bordell verwandelt werden. Die Polizei erklärte, anders könne sie die Situation nicht unter Kontrolle halten und die Ausbreitung von Geschlechtskrankheiten verhindern. Die Gegenargumente: Sieben dichtbesiedelte Straßen liegen ringsum, es ist eine der kinderreichsten Gegenden der Stadt, 800 Schulkinder seien täglich unterwegs, 1500 Soldaten lebten in der Gutleutkaserne.

»Die Sonne«, eine Zeitschrift, die sich gern mit Hintergründen beschäftigte, wußte zu berichten, daß ein Bauunternehmer aus Duisburg bereits eine Reihe von Häusern in der Gneisenaustraße gekauft habe. Da heißt es: Am Abend kann keine anständige Frau oder junges Mädchen mehr auf den dortigen Straßen herumlaufen, ohne für eine der Dirnen gehalten zu werden. Mit den Bordellen erleben wir eine Degradierung des Stadtteils, die in ihren sozialen, kulturellen und wirtschaftlichen Folgen verhängnisvoll sein wird.«

Es ist alles schon einmal dagewesen.

Die Schöpfung des Weibes und der Sieg des Lichtes

»Gleichstrom oder Wechselsstrom?« Das war die Frage, als es darum ging, das Zeitalter der Elektrizität in der Stadt Frankfurt zu eröffnen. In den achtziger Jahren des 19. Jahrhunderts zeichnete sich die Notwendigkeit ab, ein städtisches Elektrizitätswerk für die Stromversorgung von Haushalten und der ständig wachsenden Industrie zu errichten. Der »Frankfurter Systemstreit« ist in die Geschichte der Elektrotechnik eingegangen. Im Jahr 1889 machte Leopold Sonnemann, Verleger der »Frankfurter Zeitung« und Kommunalpolitiker mit großem Einfluß, den Vorschlag, eine Ausstellung zu veranstalten, auf der die verschiedenen Systeme miteinander konkurrieren könnten. Es sollte eine Jahrhundert-Ausstellung daraus werden.

Leopold Sonnemann, das war sehr bald zu erkennen, hatte mehr im Sinn als nur eine Ausstellung für Fachleute, die den gegenwärtigen Stand der Technik darstellte. Der einflußreiche Frankfurter hatte 1889 die Weltausstellung in Paris besucht und fand das System überholt. Im Jahr 1851 hatte zum erstenmal in London ein solches »Fest der Fortschritte« stattgefunden, das Nationen und Staaten zu friedlicher Konkurrenz zusammengeführt hatte. Sonnemann vermißte eine

Wege zum Licht. Eines der vielen Plakate, die in der ganzen Welt zum Besuch der Internationalen elektrotechnischen Ausstellung in Frankfurt einluden.

übergeordnete Idee. Von einer solchen sollte die Ausstellung getragen sein, die den Menschen die Macht der Elektrizität in der Zukunft demonstrieren sollte. Am 16. März 1891 wurde die »Elektrotechnische Ausstellung« auf dem Gelände der ehemaligen Westbahnhöfe, wo wenig später das Bahnhofsviertel entstand, eröffnet. Bis zur Schließung am 19. Oktober des gleichen Jahres wurden 1174000 Besucher gezählt.

Die Ausstellung auf dem großen Terrain war eine Attraktion für sich. Doch fand sie ihren technischen Höhepunkt mit der Fernübertragung von elektrischem Strom über eine Distanz von 175 Kilometern von Lauffen am Neckar auf das Ausstellungsgelände in Frankfurt. Der Ingenieur Oskar von Miller, damals 36 Jahre alt, hatte die Idee. Als geeignete Orte der Produktion fand man die Maschinenfabrik Oerlikon und das Zementwerk Lauffen. Die AEG übernahm die Kosten für die notwendigen Einrichtungen, die 73000 Mark für die Überlandleitung wurden über Spenden eingenommen. Am 24. August 1891 wurde der erste Strom über die Fernleitung geschickt, am 12. September brannten tausend Glühbirnen, von Lauffen aus gespeist. Ein künstlicher Wasserfall geriet in Bewegung. Mit dem Erfolg der Einrichtung kam als drittes System, der Drehstrom, ins Gespräch. Die Experten entschieden sich schließlich für Wechselstrom. 1899 übernahm die Stadt den Betrieb des Kraftwerks.

Die Ausstellung war für alle da. Das Angebot an Interessantem, Lehrreichem und Unterhaltsamem war reichhaltig. Auch der Spaziergang durch die Maschinenhallen und an den Angeboten der Firmen vorbei war ein ästhetisches Vergnügen besonderer Art. Nüchterne Maschinen und Gebrauchsgegenstände waren umgeben von gußeisernem Zierat, Arabesken, Instrumenten, Blumenmotiven, figürlichen Darstellungen. Üppige Frauenfiguren luden ein zur Besichtigung der Stände, bei der Gestaltung von Lampen kannte die Phantasie keine Grenzen. Zeichen des beginnenden Jugendstils waren deutlich zu erkennen.

Vergnüglichkeiten aller Art begegneten dem Besucher auf Schritt und Tritt. Das Victoria-Theater war ein stattlicher Bau von beachtlichen Ausmaßen mit perfekter Bühnentechnik. Die Firma Siemens und Halske hatte ein intimes Theaterchen aufgestellt. Ein Panorama nach dem Geschmack der Zeit durfte nicht fehlen. Szenen der Seefahrt waren dargestellt. Eine Kunstausstellung gab es, eine Bibliothek und zwei Musikpavillons, eine elektrische Rennbahn dazu. Am Rande gastierte eine ägyptische Folklore-Schau. Die große Restauration faßte, mit Terrasse, rund 2000 Personen, die Bergschenke war für Gäste offen, eine kalifornische und eine ungarische Weinstube und natürlich auch eine Äpfelweinwirtschaft. Bierschenken ringsum, eine bayrische Bierhalle und eine Volksbierhalle.

Das Café Milani hatte seinen besonderen Ruf, die American Bar vertrat Extravaganz.

Höhepunkte aber waren im festlichen Programm die Aufführungen des Balletts »Pandora oder Götterfunken« im Victoria-Theater. Die Geschichte basierte auf dem antiken Prometheusmythos. Ein erster Teil behandelt die »Schöpfung des Weibes«. Pandora ist da die Inkarnation der verführerischen Frau. Im zweiten Teil folgt »Auf der Höhe der Cultur«, das Ballett endet mit dem »Sieg des Lichtes«. Da wurde alles aufgeboten, was an Darstellung, an Bühnen- und Lichteffekten möglich war.

An einem Tag erschienen zwei Herren an der Kasse, lösten Eintrittskarten für 30 Mark und amüsierten sich köstlich in der Ausstellung. Es waren Kaiser Wilhelm I. und Prinz Heinrich, denen es eine Zeitlang gelang, unerkannt zu bleiben. Das allein war schon ein kaiserliches Vergnügen.

Bildnachweis

Abbildung Schutzumschlag: Ansicht Frankfurt, Holzschnitt aus Konrad Botes Sachsenchronik, 1492.
Alle Abbildungen entstammen den Archiven des Historischen Museums, des Stadtarchivs und der Frankfurter Societäts-Druckerei GmbH.
Reproduktion: Gerd Scheffler

Die Deutsche Bibliothek – CIP-Einheitsaufnahme

Leweke, Wendelin:
Geschichten am Rand der Geschichte: 1200 Jahre Frankfurt am Main/Wendelin Leweke. –
Frankfurt/Main: Societäts-Verl., 1992
ISBN 3-7973-0516-8